Début d'une série de documents en couleur

LA FEMME

DEVANT

LA SCIENCE CONTEMPORAINE

PAR

JACQUES LOURBET

PARIS
ANCIENNE LIBRAIRIE GERMER BAILLIÈRE ET Cie
FÉLIX ALCAN, ÉDITEUR
108, BOULEVARD SAINT-GERMAIN, 108
1896

BIBLIOTHÈQUE DE PHILOSOPHIE CONTEMPORAINE

118 volumes in-18; chaque vol. broché : 2 fr. 50 c.

EXTRAIT DU CATALOGUE

H. Taine.
Philosophie de l'art dans les Pays-Bas. 2e édit.

Paul Janet.
Le Matérialisme cont. 6e éd.
Philos. de la Rév. franç. 4e éd.
St-Simon et le St-Simonisme.
Les origines du socialisme contemporain. 2e édit.
La philosophie de Lamennais.

Ad. Franck.
Philos. du droit pénal. 4e éd.
La religion et l'État. 2e édit.
Philosophie mystique au XVIIIe siècle.

Schœbel.
Philosophie de la raison pure.

Saigey.
La Physique moderne. 2e éd.

E. Faivre.
De la variabilité des espèces.

J. Stuart Mill.
Auguste Comte 4e édit.
L'utilitarisme. 2e édit.

Ernest Bersot.
Libre philosophie.

Herbert Spencer.
Classification des scienc. 5e éd.
L'individu contre l'État. 4e éd.

Th. Ribot.
La Psych. de l'attention. 2e éd.
La Philos. de Schopen. 6e éd.
Les Mal. de la mémoire. 10e éd.
Les Mal. de la volonté. 9e éd.
Les Mal. de la personnalité 5e éd.

Hartmann (E. de).
La Religion de l'avenir. 4e éd.
Le Darwinisme. 5e édit.

Schopenhauer.
Essai sur le libre arbitre. 6e éd.
Fond. de la morale. 5e éd.
Pensées et fragments. 11e éd.

H. Marion.
Locke, sa vie et son œuvre.

L. Liard.
Logiciens angl. contem. 3e éd.
Définitions géomét. 2e éd.

O. Schmidt.
Les sciences naturelles et l'Inconscient.

Barthélemy-St-Hilaire.
De la métaphysique.

Espinas.
Philosophie expér. en Italie.

Siciliani.
Psychogénie moderne.

Leopardi.
Opuscules et Pensées.

Roisel.
De la substance.

Zeller.
Christian Baur et l'École de Tubingue.

Stricker.
Le langage et la musique.

Ad. Coste.
Conditions sociales du bonheur et de la force. 3e édit.

A. Binet.
La psychol. du raisonnement.
Introd. à la psychol. expérimentale.

Gilbert Ballet.
Le langage intérieur. 2e édit.

Mosso.
La peur.
La fatigue intel. et physique.

G. Tarde.
La criminalité comparée. 2e éd.
Les transform. du droit. 2e éd.

Paulhan.
Les phénomènes affectifs.
J. de Maistre, sa philosophie.

Ch. Féré.
Dégénérescence et criminal.
Sensation et mouvement.

Ch. Richet.
Psychologie générale. 2e éd.

J. Delbœuf.
Matière brute et Mat. vivante.

L. Arréat.
La morale dans le drame.
Mémoire et imagination.

Vianna de Lima.
L'homme selon le transformisme.

A. Bertrand.
La Psychologie de l'effort.

Guyau.
La genèse de l'idée de temps.

Lombroso.
L'anthropol. criminelle. 2e éd.
Nouvelles recherches de psychiat. et d'anthropol. crim.
Les applications de l'anthropologie criminelle.

Tissié.
Les rêves (physiol. et path.).

J. Lubbock.
Le bonheur de vivre. (2 vol.)

E. de Roberty.
L'inconnaissable.
Agnosticisme. 2e édit.
La recherche de l'unité.
Aug. Comte et H. Spencer.

R. Thamin.
Éduc. et positivisme. 2e édi

J. Pioger.
Le monde physique.

Queyrat.
L'imagination et ses variétés chez l'enfant.
L'abstraction dans l'éducation intellectuelle.

Georges Lyon.
La philosophie de Hobbes.

Wundt.
Hypnotisme et suggestion.

Fonsegrive.
La causalité efficiente.

P. Carus.
La conscience du moi.

Guillaume de Greef.
Les lois sociologiques.

Th. Ziegler.
La question sociale est une question morale. 2e édit.

L. Bridel.
Droit des femmes et mariage.

G. Danville.
La psychologie de l'amour.

Gustave Le Bon.
Lois psychol. de l'évolution des peuples. 2e édit.
Psychologie des foules.

G. Lefèvre.
Obligat. morale et Idéalisme

G. Dumas.
Les états intellectuels dans la mélancolie.

Durkheim.
Règles de la méthode sociolog.

P. F. Thomas.
La suggestion et l'éducation

Dunan.
Théorie psychol. de l'espace

Mario Pilo.
Psycholog. du beau et de l'art

R. Allier.
Philosophie d'Ernest Renan.

Lange.
Les émotions, trad. Dumas.

E. Boutroux.
Contingence des Lois de la nature. 2e édit.

G. Lechalas.
L'espace et le temps.

L. Dugas.
Le Psittacisme.

Coulommiers. — Imp. Paul Brodard. — 602-95

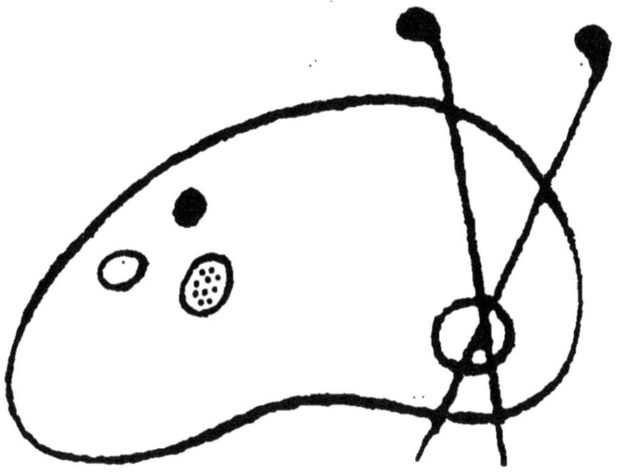

Fin d'une série de documents
en couleur

LA FEMME

DEVANT

LA SCIENCE CONTEMPORAINE

Du même auteur

EN PRÉPARATION :

Essai sur l'évolution humaine.

Coulommiers. — Imp. Paul BRODARD. — 602-95.

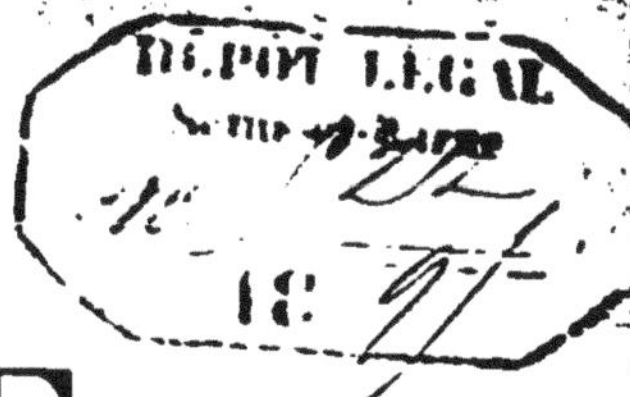

LA FEMME

DEVANT

LA SCIENCE CONTEMPORAINE

PAR

JACQUES LOURBET

PARIS

ANCIENNE LIBRAIRIE GERMER BAILLIÈRE ET Cie

FÉLIX ALCAN, ÉDITEUR

108, BOULEVARD SAINT-GERMAIN, 108

1896

PRÉFACE

En ce petit essai nous avons posé le problème des sexes sur le terrain scientifique, le seul solide, le seul qui permette à la raison sereine, pure de tout sentimentalisme inopportun, de toute opinion préconçue, la sincère recherche d'une solution définitive que nos descendants trouveront sans doute un jour.

Selon un grand nombre d'auteurs, les récentes découvertes psycho-physiologiques et biologiques auraient démontré l'incurable faiblesse mentale de la femme.

Nous avons donc examiné, en toute indépendance d'esprit, les faits *recueillis par* l'homme lui-même *et les conclusions qu'il en tire : cela nous a conduit logiquement à exclure du débat les* arguments *des femmes, quelles qu'en soient, du reste, la force et l'éloquence.*

Certes, nous aurions pu mentionner des travaux féminins remarquables : soit, entre autres, l'œuvre publiée à vingt et un ans par une Française devenue illustre : Idées anti-proudhonniennes, *signées madame Juliette La Messine (aujourd'hui madame Adam). Cet écrit, révélant déjà une intelligence supérieure et des plus riches, nous l'aurions cité d'autant plus volontiers que, grâce à la* Nouvelle Revue *qu'elle dirige avec une rare largeur d'esprit et un haut prestige, madame Adam a conquis une grande influence politique et sociale, exerce une action salutaire sur le mouvement intellectuel contemporain et constitue un centre de forces puissantes s'irradiant dans l'Europe entière au service de toutes les nobles causes.*

Mais le vif souci de bannir de notre étude même l'ombre de la prévention nous a sévèrement interdit de faire appel à aucune *autorité féminine.*

Nous croyons devoir avertir aussi le lecteur, la lectrice surtout, que l'énumération (au chapitre V) de quelques femmes vivantes n'est point le résultat d'un choix exclusif. Un classement de personnages célèbres nous semble à la fois puéril et impertinent, d'une part; et, d'autre part, il n'était pas dans le plan de ce livre de comprendre une liste complète — aussi bien les renseignements suffisants nous font-ils défaut — des individualités féminines qui se signalent dans la littérature, les sciences, les arts et la philosophie.

Ajoutons enfin que nous avons mentionné scrupuleusement les ouvrages masculins dont nous avons pris connaissance et qui se rapportent à notre sujet. Cependant comme notre essai, tel que nous l'avons conçu, embrasse des questions multiples, nous aurons sans doute, malgré notre bonne foi, omis de citer des auteurs de premier ordre; nous espérons que nul ne nous imputera à crime un silence involontaire : notre ignorance ou l'infidélité de notre mémoire devront seules être rendues comptables d'omissions importantes que nous serons, d'ailleurs, des premiers à regretter.

Madame Henri Schmahl, dont les études sur la femme, publiées dans la Nouvelle Revue, *sont, à juste titre, si remarquées, a bien voulu nous faire l'envoi de quelques-unes de ses œuvres*[1].

*Mademoiselle Jeanne Chauvin, le savant auteur de l'*Étude historique sur les professions accessibles aux femmes, *a eu l'obligeance de nous donner de précieux renseignements sur le mouvement féministe.*

Nous prions ces deux écrivains distingués de vouloir bien croire à notre vive reconnaissance.

Paris, le 1er octobre 1895.

J. L.

1. Madame Henri Schmahl : *La Question de la femme*; — *Le Préjugé de sexe* (Extrait de la *Nouvelle Revue* du 15 janvier 1894 et du 1er mars 1895); — *Opinions de la Presse et liste des journaux favorables aux réclamations de l'* « Avant-Courrière » (Paris, 21, rue Gazan).

LA FEMME

DEVANT

LA SCIENCE CONTEMPORAINE

INTRODUCTION

Depuis les temps anciens jusqu'à nos jours, les jugements très divers — favorables ou défavorables — formulés sur la femme par les auteurs même les plus célèbres, empruntèrent tous une invincible partialité au sentiment, à la passion, à des motifs provisoires, accidentels, à des considérations métaphysiques; ces jugements furent surtout entachés d'une radicale erreur par la projection illégitime dans l'infinité des générations successives d'un idéal humain immobile et fatalement immodifiable.

La religion, la philosophie, l'état social, le prestige de la *force*, une biologie à peine balbutiante, et, par-dessus tout, la *nature* même du problème plaçaient nécessairement le prisme de la prévention devant le mâle encore intellectuellement soumis aux suggestions obscures d'un impérieux instinct.

Aussi, passées à la coupelle d'une critique sévère, les conclusions les plus autorisées perdent-elles beaucoup de leur valeur.

Ce qui frappe à l'abord, quand on lit les ouvrages modernes ou même tout récents, c'est que certains préjugés sur la femme s'enracinent d'autant plus dans les esprits que la science progresse et se diffuse.

Ce phénomène peut paraître étrange. Cependant si l'on remarque avec M. Herbert Spencer « que les premières opinions sont rarement des idées vraies » ; « que l'intelligence à l'état brut, soit dans l'individu, soit dans la race, se forme des opinions qui ont besoin d'être revisées et revisées encore »[1] — ceci est confirmé par l'histoire de chaque science —; si l'on observe que les préventions contre la femme tirent leur origine de la force brutale; que les *rapports obligés* des sexes contribuent d'une manière constante à perpétuer les idées fausses qui naissent, même aujourd'hui, de la suprématie physique; si l'on considère que, pour la majorité des hommes, le simple fait matériel est plus significatif que toutes les vérités intangibles résultant d'un ensemble très complexe de rapports, vérités qui, pour être perçues, nécessitent un effort de raisonnement et une grande habitude de l'analyse et de la synthèse; si, enfin, l'on tient compte de ce que la biologie est née d'hier, la sociologie se soupçonne à peine et les revues de vulgarisation, en confondant très souvent expérimenter et déduire, favorisent les conclusions superficielles et erronées, on conçoit que les pré-

1. H. Spencer, *Principes de biologie*, t. I, p. 404.

jugés de naguère continuent à voiler le jugement à la fin de notre siècle scientifique.

Voulez-vous voir comme ces préjugés sont cristallisés dans l'esprit de nos contemporains?

Demandez à un homme très instruit ce qu'il pense de la « question de la femme » : il y a fort à parier qu'il tranchera cette question d'un seul mot, négligemment, si une urbanité exquise l'empêche de répondre par un sourire trempé d'ironie décisive et de profonde commisération.

Cependant la rigueur de la méthode expérimentale lui est familière; il a subi l'heureuse influence de la critique philosophique moderne et, s'agît-il d'un problème tout autre où les éléments sont peu nombreux, les constatations faciles et les démonstrations précises, il montrerait une prudence extrême avant de répondre d'une manière catégorique. Mais, en l'espèce, il invoquera Proudhon ou Schopenhauer et vous dira avec l'assurance un peu confuse de quiconque se voit obligé de répéter sérieusement une vérité de Lapalisse : la femme est plus petite et plus faible que l'homme, la simple observation et la physiologie l'affirment; les grands travaux de tous les temps, les grandes guerres, les plus hautes conceptions en art, en science, en philosophie, appartiennent presque exclusivement à l'homme; donc la femme est inférieure physiquement et par l'intelligence. C'est une fatalité de la nature : il n'y a rien à faire contre.

Et si quelqu'un présente au public cette opinion délayée en un gros in-octavo, il se flattera d'avoir fait acte d'impitoyable logique.

Au vrai, c'est là une observation de sens commun tout aussi superficielle, guère moins primitive que celle-ci : le matin, le soleil se lève à l'orient; le soir il disparaît à l'occident... donc il tourne autour de la terre!

Il ne suffit pas, en effet, de constater que, dans le cours des siècles, la femme a créé des choses moins importantes que celles dont l'homme s'enorgueillit; il faut rechercher si, à l'origine des sociétés, la femme se trouvait dans des conditions identiques ou du moins équivalentes à celles qui favorisaient son compagnon.

Il faut encore se demander :

Y a-t-il un rapport de cause à effet entre la taille, la force musculaire et la vigueur de l'esprit?

A mesure du progrès de la civilisation, l'intelligence ne tend-elle pas à devenir le critère unique de la valeur individuelle et sociale de l'être humain?

Dans une société très civilisée, c'est-à-dire très complexe, où l'acte est merveilleusement facilité par la domestication des forces naturelles, l'invention n'est-elle pas aussi ou plus utile que l'activité extérieure qui réalise?

Y a-t-il antagonisme entre la puissance mentale et la puissance sexuelle?

L'évolution de l'espèce humaine est-elle parvenue à son terme? Dans la négative, les progrès respectifs des deux sexes sont-ils uniformes, c'est-à-dire leur différence de valeur individuelle et sociale reste-t-elle constante?

Si les connaissances actuelles autorisent des réponses précises, définitives à toutes ces questions, alors il sera permis de porter un jugement sérieux sur la femme; alors seulement il sera possible de la condamner sans appel à une minorité éternelle ou d'entrevoir le rôle puissant qu'elle pourra jouer dans la civilisation future.

Essayons de résoudre ces questions avec une haute et impartiale rigueur.

Peut-être l'homme est-il déjà parvenu à ce degré de *probité* et de *liberté* intellectuelles où il est possible de chercher la solution de n'importe quel problème en éliminant de la pensée tout ce qui — jaillissant des instincts, des passions, des plaisirs plus ou moins immédiats et provisoires, mais toujours égoïstes — troublerait la raison, ferait broncher la logique; peut-être est-il déjà donné à l'homme d'envisager la « question de la femme » en se dégageant de toute préoccupation éphémère et personnelle, de toute morale officielle, de tout dogme arbitraire, de toutes conventions sociales, de toute législation; en un mot de cet ensemble confus d'institutions, produit des essais divergents de l'aveugle activité humaine, et dont l'influence puissante tend à vicier les jugements, à les vicier de toute la force despotique des séculaires suggestions accumulées.

C'est parce que nous croyons fermement à la possibilité de cette abstraction, de ce suprême désintéressement de la pensée, que nous entreprenons cette étude.

CHAPITRE I

LA FORCE PHYSIQUE ET LA VALEUR INDIVIDUELLE ET SOCIALE DE L'ÊTRE HUMAIN

A l'origine des sociétés humaines, deux besoins violents prédominent : la conservation individuelle et la propagation de l'espèce [1]. Dans la lutte brutale pour la satisfaction de ces instincts irréductibles, l'homme emprunte à sa vigueur physique et à sa qualité de mâle une incontestable supériorité sur la femme.

Il est le maître actif; elle, l'esclave nécessairement passive.

1. Sir John Lubbock, *Les origines de la civilisation;* — C.-N. Starcke, *La famille primitive;* — Sir H. S. Maine : *Histoire des institutions primitives;* — etc.

Pendant longtemps encore le principe de la suprématie individuelle résidera dans la *force musculaire*, et l'affirmation constante de cette force sera une condition très favorable au libre développement de l'intelligence.

L'homme, sentant son indépendance s'identifier avec sa supériorité corporelle, devient plus actif, a plus d'initiative, acquiert plus d'expérience que la femme condamnée, elle, par sa faiblesse physique et la qualité de son sexe, à l'imitation servile.

Sous la pression des circonstances il doit délibérer, se décider, inventer, organiser, créer : son esprit s'aiguise, s'assouplit, se complique, se perfectionne, se met vite en rapport harmonique avec ce qui l'entoure.

La femme, au contraire, s'habitue à ne point voir ses désirs réalisés *directement;* elle se replie sur elle-même; elle a surtout des émotions affectives nées de sa fonction de mère : son cœur s'enrichit mieux que son esprit, car elle ne peut avoir du monde extérieur une impression immédiate ni sincère.

Ses tendances naturelles comprimées se déforment et prennent une direction imposée non par le jeu des forces équilibrées du milieu ambiant, mais par une force despotique : l'homme!

La volonté féminine se réfracte à travers la volonté masculine. La femme ne s'adapte pas à la nature, mais à l'homme, c'est-à-dire, elle subit une adaptation arbitraire préconçue par l'homme.

Et comme l'intelligence est la correspondance entre les conditions internes et les conditions externes, il est clair que l'intelligence de la femme ne sera que l'accommodation des conditions internes à un petit nombre de conditions externes, non à la totalité : d'où nécessairement, dès le principe, évolution faussée, incomplète de la femme, dysharmonie avec le milieu, développement lent et factice de ses facultés mentales.

Il est donc certain qu'à l'aube des sociétés la femme est sous l'influence despotique de circonstances contraires au perfectionnement de sa nature propre.

Et les siècles se dérouleront accumulant les effets favorables à l'homme et les conditions défavorables pour la femme.

Ainsi elle ne deviendra pas ce qu'elle aurait pu devenir ou, dans tous les cas, il est impossible d'avoir la certitude que, libre, la femme n'eût pas évolué d'une autre manière, mieux à son avantage, mieux au profit de sa propre individualité et, par suite, en présentant des éléments toujours progressivement plus différenciés, susceptibles de produire des variations de plus en plus riches, mieux aussi au profit de l'humanité même.

Parvenu à une certaine civilisation, l'homme se contemple dans son œuvre. Il a tout fait : la guerre, les lois, les chefs-d'œuvre de l'art, les livres qui renferment la « sagesse des nations » ; l'Idée qui mène le monde a jailli de son cerveau. Et, se comparant à la femme, il se trouve supérieur.

Durant les époques lointaines où l'organisation sociale s'ébauche, des lois grossières s'établissent, où le droit dérive de la force brutale et non de la justice, où la vie morale ne s'estompe pas encore, sans doute la femme, par sa faiblesse physique, est au-dessous de l'homme dans la *lutte pour la vie;* mais il faut reconnaître que déjà, aujourd'hui, grâce aux admirables applications de la science, le degré de force physique n'est plus corrélatif du degré de valeur individuelle.

Et alors le problème se pose de la manière suivante :

Si, par impossible, dès que les humains se groupèrent, ils avaient pu constituer du premier coup une société telle que la nôtre, c'est-à-dire si l'intelligence et non la vigueur musculaire eût été l'indice de la valeur personnelle de l'individu et de son utilité sociale, peut-on démontrer que la femme aurait conservé à tous les autres points de vue une infériorité analogue à l'infériorité physique?

Nombre d'auteurs contemporains, et des plus remarquables, prétendent que la science permet de répondre affirmativement.

Il importe au plus haut point d'examiner cette opinion d'une manière très attentive, car si la faiblesse intellectuelle de la femme tient fatalement au sexe, si elle est *essentielle*, si cela devient une vérité incontestée à l'égal des lois de la physique et de la chimie, ceux qui rêvent pour la femme le magnifique épanouissement de son esprit, l'agrandissement de sa conscience et, aussi, par son apport complexe de féminité, par le choc des sensations, sentiments et pensées respectifs des sexes, une vie plus large, plus variée, plus délicate, plus intense, plus harmonieuse, en un mot, meilleure et plus belle, ceux-là sont le jouet d'une imagination en délire : ils s'obstinent à vouloir étreindre une chimère.

CHAPITRE II

L'INFÉRIORITÉ PHYSIQUE IMPLIQUE-T-ELLE NÉCESSAIREMENT L'INFÉRIORITÉ INTELLECTUELLE?

Nous avons vu que dans les sociétés primitives la suprématie physique fut pour l'homme une condition très favorable au progrès de son intelligence, mais nous constatons aussi qu'à mesure de l'organisation de plus en plus parfaite des groupements humains, la vigueur corporelle perd peu à peu de sa valeur souveraine au profit de l'énergie mentale.

Grâce aux magiques applications de la mécanique et à la captation des forces de la nature qui jadis se dépensaient inutiles ou dangereuses et maintenan[illegible]oumettent à nos caprices, rendant déjà in[illegible]iantes les différences de puissance musculaire, il est facile de prévoir l'époque — relativement proche — où un être humain capable de tenir trente kilogrammes à bras tendu n'aura pas plus de valeur individuelle ni sociale que celui qui tiendra péniblement dix kilogrammes, les deux individus étant supposés également intelligents.

La grande vigueur du corps n'est pas une condition essentielle de la valeur de l'homme; elle ne fut que condition *temporaire, transitoire,* et *tout extérieure* du développement de son intelligence.

Certains prétendent avec Proudhon que la « force physique n'est pas moins nécessaire au travail de la pensée qu'à celui des muscles »[1]. Il y a là une grossière confusion. Nul physiologiste n'a encore démontré que la force

1. Proudhon, *De la Justice dans la Révolution et dans l'Église*, t. III, p. 349.

mentale soit proportionnelle à la force physique [1].

Il ne suffit pas de constater que la lame use le fourreau, que la pensée fatigue la cellule nerveuse, il faudrait connaître le *capital vital qui, en restaurant rapidement cette même cellule, lui permet de supporter indéfiniment l'activité de l'esprit*. Les observations de Schiff, Caton, Dubois-Raymond, Pflüger, Hermann, Byasson, Corso, Ch. Féré, Tanzi et Musso, etc., n'ont point fait la preuve définitive — quoi qu'en dise M. Jules Soury [2] — que la pensée ait des équivalents mécaniques, thermiques, chimiques.

Dans une étude remarquable publiée par la *Revue Scientifique* [3], M. Armand Gautier soutenait que les physiologistes n'ont point prouvé

1. Les recherches de M. Féré (Voir *Sensation et Mouvement*) ne sauraient justifier l'opinion de Proudhon, car nous entendons parler ici de l'intelligence au point de vue de sa puissance *créatrice* et non de sa puissance d'*assimilation*, d'une part; et, d'autre part, de la force physique considérée sous tous ses aspects.

2. Jules Soury, *Les Fonctions du cerveau*, p. 397-402.

3. *Revue Scientifique* (11 et 18 octobre 1886; 1er janvier 1887).

que la pensée soit une transformation de l'énergie, c'est-à-dire une forme spéciale de l'énergie comme le mouvement, la chaleur, l'électricité. Selon M. J. Soury, les réponses faites à l'argumentation d'Armand Gautier « sont à coup sûr victorieuses [1] ». Et il cite comme décisive la réfutation de M. Charles Richet.

Or M. Richet, dans sa première réponse à M. Gaûtier dit : « Je le répète, ce sont là des documents grossiers; car ils ne nous font pas connaître le mécanisme intime de l'action cérébrale; mais si grossiers qu'ils soient, ce sont les seuls que nous possédions; en sorte que l'unique légitime conclusion que nous puissions en tirer, c'est que *très probablement, sinon en toute certitude*, le travail psychique répond à une certaine action chimique, à une certaine action thermique... » [2].

1. J. Soury, *Les Fonctions du cerveau*, p. 376.
2. Ch. Richet, *Le travail psychique et la force chimique* (*Revue Scientif.*, 2e sem. 1886, p. 788).

Et six ans plus tard, au *Congrès international de psychologie expérimentale* tenu à Londres, l'éminent biologiste, dans son éloquent discours de clôture s'exprime ainsi : « Quel est le lien qui unit la cellule pensante à la pensée? Est-ce un phénomène chimique ou dynamique? Y a-t-il pour la production d'une pensée une consommation de force chimique? Si cela est probable, ce n'en est pas moins hypothétique, et le contraire, quoique bien improbable, pourrait exister » [1].

Donc il s'agit toujours d'une *hypothèse* invérifiée et peut-être.... invérifiable.

Et lors même qu'on pourrait mesurer exactement la *quantité* de travail cérébral — chose impossible encore, — serait-on bien avancé?

Tel génie qui, en cinq minutes, sans effort, fait une merveilleuse découverte, désintègre-t-il davantage qu'un imbécile qui met son cerveau à la torture durant des années, ruine sa santé

1. Ch. Richet, *L'Avenir de la psychologie* (*Revue Scientif.* 3 septembre 1892).

et sa faible raison pour réaliser enfin une machine absurde ? Pascal qui, tout enfant — c'est-à-dire n'ayant pas le système nerveux complètement développé — inventa les mathématiques en quelques semaines, dépensa-t-il autant de substance nerveuse qu'un jeune homme qui pâlit des années sur des théorèmes élémentaires sans même parvenir à les comprendre?

Est-on bien sûr que cette pensée : « Le silence éternel de ces espaces infinis m'effraye » coûta plus d'efforts que celle-ci : « Le char de l'État navigue sur un volcan »? La composition de ces vers splendides :

Borné dans sa nature, infini dans ses vœux,
L'homme est un dieu tombé qui se souvient des cieux,

précipita-t-elle plus de sulfates et de phosphates dans les urines de Lamartine que la production des suivants n'en amena dans celles de Coppée :

On le voyait debout, derrière son comptoir,
En tablier, cassant du sucre avec méthode.

En d'autres termes, est-il plus difficile à certains esprits d'exprimer des rapports et des rapports de rapports, d'avoir des intuitions sublimes, cosmiques, qu'à d'autres d'exprimer une simple juxtaposition de faits? L'abstraction et la généralisation exigent-elles une consommation de force chimique plus considérable que la superficielle notation des sensations? Les produits de désassimilation sont-ils proportionnels à la *valeur* de la pensée? On n'en sait rien! L'équivalence mécanique thermique ou chimique indiquera *peut-être* la désintégration amenée par le *travail cérébral*, mais ce ne sera point la mesure de la qualité des *opérations* psychiques. On aura l'indication assez précise de leur intensité, de leur durée, mais non point de leur *nature* même, de leur valeur propre, de leur seule valeur en dernière analyse.

Pour élever à une certaine hauteur un certain poids, il faut une force mécanique facilement mesurable. Mais ce poids peut être de l'or, du charbon, du pain, de l'acide cyanhydrique, une pierre, de la fulgurite, un être vivant, etc. Le travail mécanique nous renseignera-t-il sur les propriétés respectives de substances aussi diverses? Il ne saurait, eu égard au volume, que nous indiquer leur densité! Quelle accablante insuffisance!

Pour transmettre un télégramme il faut un certain courant électrique dont l'intensité est appréciable par le travail chimique qui le produit. D'après ce travail chimique on pourra peut-être connaître exactement le nombre de lettres contenues dans le télégramme; saura-t-on pour cela le *sens* de la dépêche? Evidemment non, car l'ordre des lettres, leur *signification toute conventionnelle*, sont indifférents au travail chimique. Le *travail cérébral* ne serait-il pas de même absolument indifférent à la *qualité* des opérations mentales?

Au reste, les produits de désassimilation au moyen desquels on prétend apprécier la pensée ne viennent pas seulement de l'activité psychique, de sorte que les observations des physiologistes n'autorisent aucune conclusion définitive. « Le système nerveux central, les ganglions peuvent être considérés sous ce rapport, comme autant d'accumulateurs constamment mis en charge à la fois par l'alimentation et par toutes les impressions transmises de tous les points de l'économie. Et, constamment aussi, cette énergie se dépense en actions trophiques dont l'équivalent final sera pour une grande part la multitude des mouvements volontaires et de ces réflexes profonds qui nous demeurent inconnus et que révèlent seuls les instruments du physiologiste. Aussi quand nous prétendons retrouver dans les résidus de l'organisme le résidu pondérable de l'activité musculaire, ne faut-il pas perdre de vue que les éléments nerveux ont contribué pour une part proportionnelle à la formation de ce résidu, et que nous n'avons actuellement aucun moyen de distinguer ce qui provient du muscle et ce qui provient de la substance nerveuse. Même alors que nous pourrions faire cette distinction, encore faudrait-il se rappeler que la part de substance nerveuse où l'activité s'exerce sous la forme propre de volition est infime, comparée à celle où doit s'exercer l'activité motrice inconsciente mise en jeu consécutivement et que nous devons supposer adéquate à la modification moléculaire survenant dans les muscles. De ce côté donc aucun moyen de retrouver l'équivalent chimique de la pensée [1]. »

On le voit, les recherches de Byasson et autres se jouent autour de la réalité, c'est-à-dire autour de la qualité même de la pensée.

Et non seulement on ne connaît pas le rapport entre la cellule nerveuse et l'intelligence, mais nul n'a prouvé que l'énergie nerveuse soit proportionnelle à la force musculaire : à plus forte raison ignore-t-on si la puissance mentale est proportionnelle à celle des muscles.

S'il y avait correspondance nécessaire entre la vigueur du corps et celle de l'esprit, les grands

1. G. Pouchet, *Remarques anatomiques à l'occasion de la nature de la pensée* (*Revue Scientifique*, 1er semestre 1877, p. 169).

hommes dont la pensée immortelle mène le monde auraient dû être des Hercules. Or le contraire est le vrai. La plupart des génies de tous les temps et chez tous les peuples furent des hommes très petits et souvent d'une faiblesse extrême.

Faut-il rappeler que Socrate, Platon, Diogène, Aristote, Chrysippe, Épicure, Alexandre le Grand, Archimède, Philopœmen, Horace, Épictète, Narsès, Albert le Grand, Érasme, Montaigne, Cujas, Balzac, Spinoza, Lalande, Beccaria, Linné, Gibbon, Pope, Napoléon, etc., furent aussi extraordinaires par l'exiguïté de leur taille que par la grandeur de leurs œuvres? Plusieurs même étaient rachitiques; Pope était si faible qu'il ne pouvait se tenir ni s'habiller seul!...

On ne saurait soutenir que ce soient là des dérogations à une loi générale, car, si nous considérons l'ensemble des êtres, nous voyons que les plus gros : l'éléphant, la baleine, la girafe, le lion, etc., sont beaucoup moins intelligents que l'un des plus petits, la fourmi ; que, dans l'espèce humaine, les races supérieures par la force brutale ne sont pas toujours les plus civilisées, et enfin que, chez les nations où la culture intellectuelle est très développée, les individus les plus vigoureux et de haute taille ne sont pas nécessairement les plus intelligents.

Comment donc le sagace Proudhon a-t-il pu écrire que « la pensée, en tout être vivant, est proportionnelle à la force?![1] »

Le merveilleux savant que l'humanité vient de perdre au moment où nous traçons ces lignes fut peut-être la plus éclatante réfutation vivante de ce puéril sophisme : Pasteur, l'un des génies les plus féconds et les plus puissants dont la France est glorieuse, qui, par ses bienfaisantes découvertes, a provoqué l'admiration et la reconnaissance impérissables de tous les peuples, l'immortel Pasteur était *paralysé* d'un côté depuis 1868 ! »

1. Proudhon, *De la Justice dans la Révolution et dans l'Église*, t. III, p. 349.

« Son œuvre, dit M. Berthelot [1], est d'autant plus remarquable qu'il l'a réalisée dans des conditions personnelles singulières.

« Frappé d'une attaque d'hémiplégie, il était demeuré affecté d'une paralysie partielle et ses amis avaient pu craindre que son esprit d'initiative n'en demeurât également éteint ou affaibli : mais la séparation entre les facultés motrices et les facultés intellectuelles n'apparut jamais plus clairement. *C'est depuis cette époque peut-être que son génie inventif a brillé du plus vif éclat* [2]. »

Non! il n'y a pas correspondance nécessaire entre la vigueur du corps et celle de l'esprit [3], et, chez les peuples policés, ce n'est pas la force musculaire qui est le plus utile à l'individu et à la société, mais la force psychique.

Par conséquent il est souverainement absurde de dériver fatalement la faiblesse intellectuelle de la femme de sa faiblesse physique.

1. Berthelot, *Mort de Pasteur* (LE FIGARO, 29 septembre 1895).
2. Non souligné dans le texte.
3. Voir : J. Venn, *Corrélation de la puissance physique et de la puissance intellectuelle.* — Analyse de M. A. Binet, dans *l'Année psychologique.* Paris, 1895.

CHAPITRE III

SENSIBILITÉ ET INTELLIGENCE

En présence des affirmations catégoriques, absolues sur l'infériorité mentale de la femme, on se demande sérieusement s'il n'existe point un instrument précis qui soit à la vigueur de l'esprit ce que le dynamomètre est à la puissance musculaire.

L'opinion générale est bien, en effet, qu'on peut évaluer l'intelligence d'une manière précise. On s'est dit : tout pénètre dans l'entendement par les sens; le cerveau est l'organe de la pensée; l'intelligence se révèle par les actes : si nous étudions la *sensibilité*, le *cerveau* et observons les *actes*, nous pourrons ainsi mesurer exactement la puissance psychique.

Sans doute, plus l'individu normal est sensible aux agents extérieurs, mieux il s'adapte au milieu ; et, comme la vie consiste en une adaptation continuelle, il semble que, plus il se met facilement en équilibre avec ce qui l'entoure, plus il soit intelligent.

Chose curieuse! La plupart des auteurs se plaisent à reconnaître que la femme est douée d'une sensibilité très délicate... d'où ils dérivent sa faiblesse mentale!

Sans cesse sollicitée par les excitations externes, disent-ils, accessible à des impressions très ténues qui n'affectent point l'homme, elle est impropre, par cela même, aux travaux qui demandent de la persévérance et de l'esprit de suite.

Cette opinion est si répandue qu'on la trouve exprimée dans les ouvrages les plus considérables.

M. Henry de Varigny écrivait tout récemment dans la *Grande Encyclopédie* : « Chez ce dernier (l'homme), les lobes frontaux — ceux où l'on est d'accord pour placer l'organe des opérations intellectuelles et des fonctions psychiques supérieures — sont prépondérants; ils sont d'autant plus beaux et volumineux qu'il s'agit de races plus civilisées.

« Chez les femmes ce sont les lobes occipitaux qui sont les plus développés et ont plus d'importance, et ce sont ceux où la physiologie localise[1] les centres émotifs et sensitifs[2].

1. « Il y a bien longtemps qu'on cherche la solution de ce problème; les communications qu'on a entendues au Congrès de Londres ne hâteront pas cette solution; elles l'ont plutôt reculée, en montrant, ce qui est toujours utile à savoir, quel nombre vraiment effrayant d'erreurs on peut commettre dans les tentatives de localisation... Ces conclusions négatives montrent les incertitudes, les tâtonnements, les marches et contremarches de la science expérimentale et la lenteur de ses progrès; leçon salutaire pour les esprits impatients, etc. » — A. Binet, « la Psychologie expérimentale » (*Revue des Deux Mondes*, 1893, t. CXVI, p. 434-435).

2. D'après Tanzi et Musso, dans 17 expériences de thermogenèse cérébrale « les variations thermiques de la tête observées durant les émotions ne se sont manifestées que sur la région frontale. Dans 25 expériences où une extrémité de la pile était appliquée sur la région pariétale, occipitale, etc. de la tête, le galvanomètre est demeuré immobile. Trois fois seulement, sous l'influence d'une émotion intense et de longue durée, on nota de légères variations de température à l'occiput. » — Jules Soury, *les Fonctions du cerveau*, p. 394-395.

« Ceci est d'ailleurs bien d'accord avec les caractères psychologiques des deux sexes, le sexe masculin ayant plus d'intelligence ou de puissance intellectuelle, tandis que la femme est douée d'une *plus grande sensibilité*[1] ».

La contradiction est délicieuse! D'un côté on déclare au nom de l'anatomie, de la psychologie et de la pathologie[2] que plus l'être normal est *sensible, plus il est intelligent;* d'un autre on affirme que la femme, *plus sensible* que l'homme, lui est *inférieure par l'intelligence!*

MM. Lombroso et Sergi sont plus logiques. Ils ont voulu prouver que la sensibilité à la douleur et la sensibilité tactile sont moindres chez la femme que chez l'homme[3].

Souvent, disent-ils, la femme réagit plus vivement à une excitation, mais sa sensibilité n'est qu'apparente : il faut distinguer l'irritabilité de la

1. Henry de Varigny, article FEMME de la *Grande Encyclopédie.*
2. Charles Richet, *l'Homme et l'intelligence*, p. 109.
3. Sergi, « *Sensibilità femminile* » (*Archivio di psichiatria, scienze penali ed anthropologia criminale.* Volume decimoterzo, 1892).

sensibilité. Chez la femme la cellule réagit mais ne sent pas; chez l'homme elle sent. Or c'est là précisément le point en litige : l'excitation à laquelle répond l'être vivant ne doit-elle pas être sentie? Il est étrange que les deux savants italiens escamotent la difficulté au moyen d'une affirmation gratuite. Claude Bernard avait mieux compris toute l'étendue de la question : « Si, dit le prudent physiologiste, *nous laissons de côté le phénomène psychique*, il nous reste pour caractériser la sensibilité un ensemble de phénomènes organiques ayant pour point de départ l'impression d'un agent extérieur et pour forme la production d'un acte fonctionnel variable, mouvement, sécrétion, etc.[1] ».

En posant que chez la femme la cellule s'irrite et ne sent pas, MM. Lombroso et Sergi raisonnent à la façon des théologiens. Avec de telles prémisses toute conclusion est nécessairement sans valeur.

1. Claude Bernard, *Phénomènes de la vie communs aux végétaux et aux animaux* (t. I., p. 285-6).

D'ailleurs les récentes expériences de MM. Francis Galton et W. Dehn sont en contradiction avec celles des deux savants italiens.

M. Galton a poursuivi durant plusieurs mois des observations sur la sensibilité comparée de 932 hommes et 377 femmes et reconnu ainsi la supériorité esthésique de la femme[1].

D'après M. Dehn, la sensibilité tactile serait à peu près la même chez les deux sexes; mais les femmes percevraient mieux que les hommes les différences de température; elles seraient aussi plus sensibles à la douleur, aux excitations électriques et distingueraient mieux les sensations gustatives[2].

En ces dernières années on a fait beaucoup de bruit autour des expériences superficielles de Nichols et de Bailey sur l'odorat. Tout derniè-

1. F. Galton, *La sensibilité comparée de l'homme et de la femme étudiée dans la région de la nuque* (*Nature* anglaise). — Analyse de M. A. Binet dans *l'Année psychologique*, Paris, Alcan, 1895.

2. W. Dehn, *Etudes comparatives sur les sensations de la peau et les sensations gustatives chez les hommes et les femmes des différentes classes.* — Analyse de M. Victor Henri dans *l'Année psychologique*, Paris, Alcan, 1895.

rement encore, M. Auguste Strindberg, le très puissant écrivain norvégien, en un article publié par la *Revue Blanche* (janvier 1895), attache une grande valeur démonstrative à ces expériences.

M. Strindberg est un remarquable artiste, mais en cette étude, intitulée « *De l'Infériorité de la femme* », il a révélé une absence totale de sens critique, combien il est mal préparé à la spéculation de la philosophie. Son talent, fait de violence, de passion exacerbée, peut construire de merveilleux drames et le hisser à la supériorité artistique, mais il le rend impropre aux jugements impartiaux, aux déductions rigoureuses qui demandent une claire et haute sérénité mentale.

M. Strindberg constitue un significatif exemple de cette tendance contemporaine à tirer de la science ou de la pseudo-science ce qu'elle ne contient point. Il y a un abîme entre ces deux propositions : la femme a l'odorat moins subtil que l'homme, *donc* elle est moins intelligente;

tandis que l'auteur scandinave pense qu'il y a entre elles une relation de cause à effet.

Et d'abord Nichols et Bailey n'ont point prouvé que la femme ait nativement l'odorat moins subtil que l'homme. Pour donner quelque rigueur à ces expériences il eût fallu opérer sur des femmes dont l'odorat ne fût point émoussé par l'habitude de se parfumer. On sait que ce sens, principalement, perd vite sa finesse s'il est continuellement impressionné par les odeurs : les pharmaciens, les parfumeurs, etc. perçoivent mal les odeurs délicates. Or la femme civilisée, pour plaire à l'homme, se parfume : quoi d'étonnant à ce qu'elle finisse par avoir le sens olfactif moins subtil que lui? Mais cela ne prouve point que par nature elle soit affligée d'une véritable « infirmité » de l'odorat.

D'ailleurs, si ce sens est un puissant secours pour l'intelligence chez les insectes, certains poissons et beaucoup de quadrupèdes, il joue chez l'homme un rôle presque négligeable dans les acquisitions de l'esprit.

Il n'y a donc rien à dire de ces fantaisies extra-scientifiques, pas plus que de la prétendue infériorité de la femme au point de vue de la vision, de la gustation, etc., d'abord parce qu'on est loin d'être d'accord là-dessus et ensuite parce que si l'on peut affirmer que, d'une manière générale, l'intelligence croît avec la sensibilité, il est impossible d'admettre que celle-ci accompagne celle-là jusqu'en ses plus hautes opérations : dans l'espèce humaine, les sens ne sauraient rendre compte de toutes les acquisitions intellectuelles.

Ainsi notre œil ne *voit* pas une distance de 500 kilomètres et nous avons cependant une idée ou concept de cette longueur; il ne voit pas la surface de la France, le volume de la terre, etc., cependant ces choses sont représentées dans notre esprit.

Certes, si nous étions insensibles, nous ne pourrions jamais connaître les dimensions, les formes, les températures, etc., mais, pour obtenir la représentation mentale de telle longueur, tel volume, tel poids, telle chaleur, l'impression de cette dimension, de ce volume, de ce poids, de cette chaleur déterminés n'est pas nécessaire; bien plus, elle est souvent impossible.

Dès qu'il a un certain nombre de sensations, l'homme, grâce à ses facultés de discernement, d'abstraction et de généralisation, peut *créer* un grand nombre d'idées qui ne supposent pas des sensations correspondantes. L'enfant [1] et le sauvage ont souvent une sensibilité plus vive que l'adulte civilisé; néanmoins ils sont incapables de généraliser : ils ne se représentent que ce qu'ils ont embrassé du regard, touché, parcouru, etc.

On ne voit donc pas comment on pourrait mesurer la puissance d'abstraire et de généraliser avec le compas de Weber!

Les ingénieux travaux de psychophysique depuis Helmholtz jusqu'à MM. J. Delbœuf,

1. Voir : Zwaardemaker, *le Champ auditif dans les âges différents* (*L'Année psychologique*; Alcan, 1895, p. 338).

Wundt, Beaunis, Binet, Féré, etc.; les recherches psychométriques de MM. Munsterberg, Seashore, Titchener, Witmer, etc., excitent sans doute l'admiration, mais personne cependant ne prétend avoir trouvé la loi des rapports des sensations et de l'intelligence.

Les difficultés qui se dressent dans cet ordre de recherches semblent d'ailleurs devoir être de très longtemps — sinon toujours — insurmontables. Essayons de les mettre en lumière.

Supposons qu'il soit possible de mesurer la vitesse, l'amplitude et la *forme* des mouvements des atomes. On admet — par hypothèse — que les différentes qualités des corps se distinguent par les différences moyennes de leurs girations atomiques.

Suffirait-il d'observer un certain nombre d'atomes pour reconnaître au caractère de leurs vibrations les éléments constitutifs de l'or, du fer, du nickel, de l'oxygène, etc? Non! Il faudrait encore pénétrer la volonté obscure des atomes, leur conscience rudimentaire, et, comme dirait

M. Fouillée, leur appétition à se grouper de telle ou telle manière; il faudrait connaître ces appétences diverses et les effets synergiques produits par la rencontre d'atomes identiques — s'il en est! — ayant même orientation; et les résultantes de conflits d'activités; et les degrés de ces contrariétés; et les influences magnétiques, électriques, thermiques, lumineuses, sonores, chimiques, sidérales... Les difficultés effrayent l'imagination, car la moindre erreur initiale est multipliée par des nombres prodigieux.

Mais enfin, comme on ne saurait, sans manquer de prudence, assigner des bornes au possible, admettons que la science expérimentale parvienne un jour à mesurer exactement les vibrations atomiques.

On pourra poser alors : si des atomes du caractère *A* se trouvent groupés en nombre suffisant pour former un volume visible à l'œil nu, on aura de l'or.

Considérons maintenant les sensations et voyons si, en les mesurant aussi exactement que les mouvements atomiques, on pourrait apprécier l'intelligence d'une manière précise.

Quelle que soit la valeur de la loi de Fechner modifiée par M. J. Delbœuf [1], si remarquables que soient les savantes recherches les plus récentes des psycho-physiologistes, il n'a pas été possible de mesurer la sensation, c'est-à-dire la sensation dans sa puissance virtuelle de sentiment ou d'idée. Comment une sensation se transforme-t-elle en sentiment ou en idée?

N'y a-t-il pas même des sentiments dont l'expérience ne saurait point rendre compte? « La doctrine soutenue par quelques philosophes, dit M. H. Spencer, que tous les désirs, tous les sentiments sont engendrés par l'expérience, est si manifestement en désaccord avec un si grand nombre de faits que je ne puis que m'étonner que quelqu'un ait jamais pu l'accepter [2]. »

Et d'ailleurs qui pourra calculer, par la prétendue mesure des sensations, le degré de per-

1. J. Delbœuf, *Eléments de psychophysique.*
2. H. Spencer, *Principes de psychologie*, t. II, p. 536.

sistance, de netteté, de force, de finesse, d'activité, d'ampleur, de fugacité, d'élévation, de délicatesse.... des idées ou des sentiments; la sûreté de la raison, la puissance inventive, la fécondité et la vigueur de l'imagination, etc., etc? Et l'effet produit par une sensation nouvelle sur les associations d'idées ou la métamorphose des sentiments; les phénomènes d'excitation, de réaction, d'inhibition; l'infinité de combinaisons diversement nouvelles, engendrées chez un individu doué d'une grande richesse mentale, combinaisons subordonnées à la mémoire, à la puissance d'abstraire et de généraliser, cet effet d'ordre si prodigieusement complexe et, en dernière analyse, si contingent, puisqu'on ne connaît pas *toutes les causes* — *ingesta*, *egesta*, *circumfusa* — qui peuvent exercer leur influence indéterminable sur les sensations grosses d'idées ou de sentiments, cet effet, par quelle suprême magie le prévoir?

Dans la première hypothèse — au cas où elle serait légitime — rien de plus facile que de vérifier si à tel caractère de l'atome correspond le corps prévu et, inversement, de prendre une parcelle d'or et d'observer si ses atomes se comportent comme il a été affirmé; mais de ce que l'on a évalué un certain nombre de sensations — lors même qu'on aurait fait l'exhaustion de toutes les sensations, — peut-on se flatter de connaître l'intelligence corrélative? Comment vérifier? Comment prendre un fragment d'intelligence pour faire l'épreuve contraire? Qui montrera le processus ininterrompu de la simple sensation à la merveilleuse faculté d'abstraire et de généraliser, essence même de l'intelligence?

Pense-t-on que Victor Hugo ou Kant eussent l'œil plus sensible qu'un sauvage ou qu'un enfant; le tact plus délicat qu'un névropathe d'infériorité mentale notoire? En un mot, dans la mesure *grossière* de la sensibilité du grand poète et du profond philosophe, aurait-on trouvé l'indication précise de leur géniale puissance intellectuelle? Non! La somme des sensations n'égale pas l'intelligence. Vouloir connaître exactement la valeur de la pensée au moyen de la psychophysique et de la psychométrie, c'est, du moins en l'état présent de la science, une tentative absolument vaine.

La délicatesse *observable* des sens est susceptible d'accuser, en général, un minimum d'intelligence, mais elle ne saurait rendre compte de l'indicible complexité des opérations de l'esprit parvenu à une haute culture.

Bien plus, oserait-on affirmer que les *sens connus* soient les *seuls* auxiliaires de l'esprit? Les phénomènes de télépsychie [1] observés en ces derniers temps semblent démontrer que parfois les hommes peuvent communiquer entre eux, connaître des faits très éloignés sans l'intermédiaire de l'activité sensorielle telle que nous la concevons.

En résumé, ce n'est point au nom de la psy-

1. Gurney, Myers et Podmore, *Les hallucinations télépathiques* (traduit et abrégé de *Phantasm of the Living* par L. Marillier, avec une préface de Ch. Richet). — Paris, Alcan, 1890. — Docteur Dariex : *Les Annales des sciences psychiques*. — Sidgwick, *Recensement des hallucinations*, analyse de M. A. Binet dans *l'Année psychologique*.

chologie expérimentale qu'on peut déclarer la femme irrémédiablement affligée de « myopie intellectuelle », car :

1° La sensibilité ne rend pas compte de toutes les idées ni de tous les sentiments ;

2° La *qualité* de la sensation échappe à toute mesure, et le rapport entre les sensations et l'intelligence n'est point connu ;

3° Il y a contradiction dans les observations : d'après MM. Lombroso et Sergi la femme serait moins sensible ; d'après MM. W. Dehn et F. Galton elle serait aussi ou plus sensible que l'homme ;

4° Enfin il est contraire à la prudence scientifique d'affirmer absolument que les *sens connus* soient les seuls auxiliaires de l'intelligence. »

CHAPITRE IV

LE CERVEAU ET L'INTELLIGENCE

Mais on s'est flatté surtout d'atteindre l'intelligence par l'étude minutieuse du cerveau.

La littérature actuelle, les revues de vulgarisation scientifique, les encyclopédies qui empruntent un haut prestige à leurs colossales dimensions, et parfois aussi aux noms illustres qui les patronnent, enracinent dans le public — même le public lettré où se recrutent les législateurs et les hommes de gouvernement — l'opinion que le cerveau croît avec l'intelligence, *car la fonction fait l'organe*. La fonction fait l'organe! N'est-ce pas là un truisme scientifique?

Et qui oserait s'inscrire en faux contre une pareille affirmation, sous peine d'être taxé de scandaleuse ignorance!

Sans doute cette proposition est vérifiée pour le muscle; mais l'est-elle aussi pour le cerveau? Non, car le cerveau n'est pas exclusivement au service de la pensée : l'activité musculaire influe sur son développement, de sorte qu'il est impossible de déterminer la part qui serait due à l'exercice de l'intelligence.

D'ailleurs, le crâne de Voltaire est un des plus petits qu'on ait observés; il a été prouvé par Broca que des paysans illettrés de l'Auvergne avaient une capacité crânienne beaucoup plus grande que des Parisiens instruits; les crânes de la caverne de l'Homme-Mort et les crânes quaternaires en général sont très volumineux bien qu'appartenant à des races dont les manifestations mentales sont infantiles [1].

La plus petite capacité crânienne des anciens Égyptiens coïncide avec la 18e dynastie, c'est-à-

1. Docteur Adolphe Bloch, *Revue d'anthropologie*, 1885 p. 584.

dire avec la période la plus brillante de cette antique civilisation.

Voilà des faits significatifs qui pourraient bien sauver du ridicule quiconque ne pense pas que cet aphorisme « la fonction fait l'organe » doive nécessairement s'appliquer au cerveau *comme* au muscle.

Les pesées d'encéphales ou de cerveaux — trop peu nombreuses d'ailleurs — ne révèlent pas davantage la loi cherchée. Lélut affirme que « proportionnellement au développement total du corps exprimé par celui de la taille, le poids du cerveau des idiots — comme l'ampleur de leur crâne, — loin d'être inférieur à celui des hommes d'une intelligence ordinaire, est en réalité au moins aussi considérable [1]. »

Et s'il n'est pas rare de trouver des petits cerveaux ayant appartenu les uns à des hommes d'une grande intelligence [2], les autres à des idiots,

1. *Physiologie de la pensée*, t. II.

2. Le cerveau de Hermann, philologue, pesait 1358 grammes; celui du physiologiste Harless, 1238 grammes; celui de l'anatomiste Ignace Von Dollinger, 1207 grammes; celui de

on a souvent observé, inversement, que des cerveaux très volumineux et très lourds avaient recélé tantôt une pensée géniale, tantôt une activité mentale fort rudimentaire. « Dans les tableaux du Dr Peacock, sur 157 poids de cerveaux d'Écossais adultes âgés de vingt à soixante ans, il y en a quatre qui vont de 1728 à 1778 grammes. Ils appartiennent tous, en apparence, à des artisans; trois d'entre eux étaient l'un marin, l'autre imprimeur, et le dernier tailleur. Rien ne montre que ces individus se soient distingués de leurs camarades par des facultés supérieures.

« Le cerveau le plus lourd que l'on ait observé jusqu'ici avait appartenu à un homme de trente-huit ans, mort à University College Hospital en 1849. Le poids du cerveau était, immédiatement au sortir du corps, de plus de 1900 grammes. Cet homme ne savait ni lire ni écrire....

Liebig, chimiste, 1352 grammes; celui de Tiedmann, anatomiste et physiologiste, 1254 grammes; celui de Gambetta, 1246 grammes, etc.

Quelles qu'aient donc pu être ses qualités virtuelles, il n'avait pas beaucoup d'acquis [1]. »

Il est incontestable, disait Broca, que les races mongoliques sont moins intelligentes que la nôtre.

Et cependant la grosseur de leur cerveau ne rend pas compte de leur situation intellectuelle [2].

Parchappe concluait que, toutes choses égales d'ailleurs, le poid du cerveau chez les deux sexes est relativement plus grand chez les personnes de haute taille que chez celles de petite stature. Et Bastian ajoute : « Ceci s'accorde avec les supputations plus récentes de Marshall [3] ».

Voilà de précieuses observations. Si elles sont exactes, elles démontrent que les plus grands génies avaient un petit cerveau, puisque la plupart eurent une taille fort exiguë !

Mais voici que M. Topinard soutient une opinion contraire : « ... les animaux de petite taille

1. Charlton Bastian, *Le cerveau organe de la pensée*, t. II, p. 30.
2. Paul Topinard, *Eléments d'anthropologie*, p. 506.
3. Ch. Bastian, *Le cerveau organe de la pensée*, t. II, p. 21.

ont, en règle générale, un gros cerveau, ceux de grande taille, au contraire, un petit cerveau[1]. »

Si Parchappe, Marshall et Bastian sont dans le vrai, la femme, plus petite que l'homme, doit avoir un plus petit cerveau que lui, mais cela ne saurait l'empêcher d'avoir ou d'acquérir une vigueur mentale au moins égale. Les manifestations psychologiques de la fourmi sont bien supérieures à celles de l'éléphant!

Si au contraire M. Topinard a raison, la femme, moindre que l'homme, doit avoir plus de cerveau que lui!

En réalité, toutes les règles que l'on pose sont encore prématurées, car vraiment elle se heurtent à trop de contradictions. Il importe donc fort peu d'examiner si la femme a autant de cerveau que l'homme, car d'une moindre quantité de substance cérébrale la science ne permet nullement de déduire l'infériorité de l'intelligence correspondante. Dans une séance célèbre de la Société

1. Paul Topinard, *L'homme dans la nature*, p. 186-187.

d'anthropologie, Broca s'était écrié : « Personne n'a prétendu, soit ici, soit ailleurs, qu'il y eût un rapport absolu entre le développement de l'intelligence et le volume et le poids de l'encéphale. Pour ce qui me concerne j'ai protesté de toutes mes forces *contre une pareille absurdité*[1]. »

Notons cependant que d'après le Dr Manouvrier — et l'on sait combien les travaux de ce savant rigoureux font autorité en la matière, — le poids proportionnel du cerveau par rapport à la taille et au poids du corps entier est *plus grand* chez la femme que chez l'homme.

On prétend aussi que la nature des circonvolutions cérébrales est un indice certain du degré d'intelligence. « Le cerveau de la femme, dit M. Henry de Varigny, est moins plissé, les circonvolutions sont moins belles, moins amples, et se détachent avec moins de relief; c'est là un caractère d'infériorité très positif[2]. »

1. Paul Topinard, *Eléments d'anthropologie*, p. 506.
2. Henry de Varigny, art. FEMME de la *Grande Encyclopédie*.

Vraiment! Mais il y a des animaux, relativement fort intelligents, qui n'ont pas de circonvolutions — le cerveau du castor, par exemple, est à peu près lisse; — tandis que d'autres, tels que le mouton, les gros cétacés et même quelques-uns des petits — à qui M. de Varigny refusera sans doute, lui-même, la supériorité intellectuelle — *ont des circonvolutions cérébrales d'une extrême complexité* [1]!

Il en faut donc convenir, l'observation n'a point montré qu'il y ait une relation simple ou définie entre le degré d'intelligence et la structure, le volume ou le poids du cerveau.

Les biologistes dont l'esprit n'est point hypnotisé par le *fait*, qui savent à la fois observer et expérimenter avec rigueur, analyser subtilement et ensuite sont capables de s'élever aux vastes et fécondes constructions de la synthèse, les libres

1. « Les plissements compliqués sont si bien une résultante que l'homme n'est pas du tout le plus gyrencéphale des animaux. Il est dépassé par l'éléphant et plus encore par les cétacés, sans que nous ayons à nous en offenser. » — Paul Topinard, *L'homme dans la nature*. p. 190-191.

et les indépendants, ceux qui ne « s'entêtent » jamais, les vrais savants philosophes en un mot, le reconnaissent formellement. Tel M. Charles Richet qui, au *Congrès international de psychologie expérimentale* (1892) s'exprimait ainsi : « ..... Une psychologie bien faite suppose une physiologie cérébrale bien faite. Or celle-ci nous fait actuellement tout à fait défaut. Les expériences ingénieuses ne manquent pas, mais elles sont sans lien entre elles, quelquefois contradictoires. Même quand elles sont homogènes, elles n'avancent pas beaucoup nos connaissances.... Que sait-on de précis sur le poids même du cerveau?

« Songe-t-on à la complication effrayante des actes psychologiques qui se passent dans le minuscule amas nerveux qui représente le cerveau d'une fourmi?

« Les localisations cérébrales, sur lesquelles tant d'expériences ont été faites, et que la pathologie éclaire chaque jour par de précieuses observations et de minutieuses études, n'ont pas dit

5.

leur dernier mot. Au cas même où se trouveraient localisées les principales fonctions de l'âme, ce qui ne tardera guère, on n'aurait pas, par cela même, beaucoup élucidé le problème, car le rapport de la pensée avec la matière resterait non éclairci. Aujourd'hui on ne peut même pas, avec une certitude absolue, affirmer que c'est la cellule nerveuse qui pense, et que ni la fibre nerveuse blanche, ni le tissu conjonctif ambiant ne prennent quelque part à l'élaboration de l'intelligence....

« Bref, le premier problème de la psychologie, c'est la physiologie de la cellule nerveuse, physiologie très rudimentaire encore et pour laquelle nous n'avons que des données très imparfaites[1]. »

Il reste donc bien établi que, pour le cerveau, les faits ne justifient point encore, *comme pour le muscle*, cette proposition : la fonction fait l'organe.

Il faut remarquer d'ailleurs qu'on est dupe du

1. Charles Richet, *L'Avenir de la psychologie* (*Revue scientifique*, septembre 1892).

sens métaphorique des mots, de la confusion qui s'opère entre observer et déduire.

La physiologie a montré d'une manière indubitable que le muscle grossit par l'exercice. Or, d'autre part, l'activité de l'esprit amenant la fatigue *tout comme* un travail physique, on s'est dit : puisque les opérations mentales se font dans la tête, le cerveau est l'organe de la pensée; quand la pensée s'exerce, le *cerveau travaille*, et plus il travaillera, plus il deviendra vigoureux, *c'est-à-dire* plus volumineux ou plus dense, *car* le muscle grossit par l'exercice : *donc* l'intelligence croît avec le volume du cerveau!

Chacun voit combien ce raisonnement est captieux. La force du muscle croît avec la surface de section, c'est reconnu; mais la logique, ni l'observation, rien, absolument rien n'autorise à déduire de ce fait cet autre fait : plus le cerveau est volumineux, plus l'esprit est vif et puissant.

Cependant ainsi raisonnent la plupart de nos contemporains. Cerveau est devenu synonyme d'esprit. Gros cerveau égale vigueur de pensée;

crâne étroit égale esprit étroit. Et ces expressions, qui se trouvent chez les meilleurs auteurs, impliquent le raisonnement absurde que nous avons fait plus haut. Vous croyez peut-être que les syllogismes faisant entrer dans la conclusion ce qui n'est point dans les prémisses sont très rares et qu'on n'en saurait trouver, sinon chez des écrivains inférieurs; il est facile d'en découvrir dans les œuvres signées des plus beaux noms dont l'humanité s'honore. Il est piquant, par exemple, d'en citer un à l'actif de l'auteur de *Gorgias*. Platon — il n'en est pas moins le divin Platon — dans le *Phédon*, veut démontrer que l'âme est immortelle : « L'âme, quel que soit le corps qu'elle habite, vient-elle toujours lui apporter la vie? — Sans doute. — Y a-t-il quelque chose de contraire à la vie ou n'y a-t-il rien? — Oui, il y a quelque chose. — Qu'est-ce? — La mort. — L'âme ne recevra donc jamais ce qui est contraire à ce qu'elle apporte avec elle, etc... » Dans le premier terme, « l'âme » et « la vie » sont choses distinctes; dans le deuxième, l'âme est identifiée à la vie, et c'est grâce à cette confusion illégitime que la conclusion « donc l'âme est immortelle » devient possible.

D'autre part la logique abstraite, même la plus rigoureuse, appliquée arbitrairement aux phénomènes, conduit souvent aux pires erreurs.

Soit la proposition suivante : A = A; A + A = 2 A; 2 A — A = A; A — A = 0. L'esprit conçoit ces opérations comme absolument justes et il les applique aveuglément au monde phénoménal sans prendre garde que dans la vie concrète les éléments se modifient sans cesse en agissant les uns sur les autres. En effet. Prenons une feuille de tôle et lui donnons un coup de marteau : la feuille devient convexe. Si nous usons du pur raisonnement nous dirons : frappons un coup identique en sens inverse, et la feuille recouvrera son état premier. Or l'expérience prouve que le résultat voulu ne s'obtient pas ainsi. Y a-t-il donc deux logiques : l'abstraite et la concrète? Non! Mais dès qu'on *agit*, il s'introduit dans la proposition des éléments que nous n'apercevons pas tout d'abord, tandis que les termes abstraits ne sauraient s'altérer, malgré les opérations mentales les plus complexes.

Avant de recevoir le premier coup de marteau, la feuille se trouve dans un état d'équilibre moléculaire que nous appellerons *a;* le marteau dans un état d'équilibre que nous appellerons *b*. Après le coup de marteau *a* est modifié, il est devenu *a'*, mais *b* aussi est modifié ; il est maintenant *b'*. Et nous disons : si nous frappons *b'* sur *a'* nous retrouverons d'une part *a* et *b* de l'autre. Or cette déduction est illégitime. Lorsque je frappe *b* sur *a*, *a* présente une résistance déterminée qui modifie *b* en conséquence ; mais après le premier coup est-il certain que le rapport entre le choc et les modifications respectives des deux objets soit resté constant ? En d'autres termes, sait-on si $\frac{a'}{b'}=\frac{a}{b}$? Pour remettre la plaque de tôle dans l'état premier, la même force de percussion est-elle nécessaire ? On n'en sait rien. On peut sans doute *imaginer* un coup identique appliqué en sens inverse, mais l'expérience prouve qu'il est impossible de le *frapper*.

Prenons un autre exemple. On sait qu'à partir d'une certaine vitesse un mobile qui traverse l'espace devient invisible à l'œil nu. Si on se réfère à la logique abstraite on posera : l'impossibilité de voir le mobile croît proportionnellement à la vitesse.

Or, en expérimentant pour les armes à feu la fulgurite récemment inventée par Raoul Pictet, on a observé que si la vitesse de la balle atteint 600 mètres à la seconde, la balle devient visible à l'œil nu!

Ces quelques exemples — que nous pourrions multiplier — prouvent qu'il ne suffit pas que le pur raisonnement soit inattaquable ; il faut encore que dans les combinaisons du monde sensible les termes restent absolument identiques à eux-mêmes, chose souvent impossible ou du moins extrêmement difficile à prévoir et à obtenir.

Une des plus grandes sources d'erreur pour l'homme, c'est bien l'application abusive qu'il fait du raisonnement abstrait à la vie phénoménale.

C'est grâce à cet abus que l'on a pu revêtir de l'estampille de la science ce funeste préjugé : la fonction fait l'organe, *donc* le cerveau croît avec l'intelligence.

Ici se trahit l'infirmité de l'esprit humain. Nous sommes tellement aveuglés par le fait objectif qu'il nous est difficile de concevoir une autre manière d'être que celle qui se révèle brutalement à nous par les sens. Nous disons : 1000 mètres. c'est *plus* qu'un mètre; une montagne, c'est *plus* qu'une fourmi, etc., et nous arrivons à nous contenter du *volume*, de la *longueur*, du *poids*, de la *surface* ou de tous autres attributs grossiers et superficiels — qui s'imposent despotiquement à notre esprit et produisent ce phénomène d'inhibition si élégamment mis en lumière par M. Binet [1] — pour comparer les choses et les classer par ordre de valeurs, alors que les *dimensions* n'ont de signification que par

1. A. Binet, *Sur un cas d'inhibition psychique* (*Revue philosophique*, décembre 1891.

rapport à la *forme* de nos sens et ne sauraient point nous révéler la qualité intrinsèque des objets, ni surtout la qualité possible, réalisable sous certaines conditions extérieures à nous et indépendantes de notre sensibilité.

Cependant la *densité* devrait déjà nous rendre circonspects. La puissance effroyable qui résulte de la combinaison de très petites portions de corps divers, la prodigieuse énergie toxique recélée par des quantités infinitésimales de matière ne devraient-elles pas préparer à des conceptions moins enfantines que celle de la force se développant toujours et partout parallèlement au volume et au poids?

Les propriétés des aimants, par exemple, sont singulièrement propres à donner un caractère positif à l'opinion que la vigueur mentale *pourrait* ne pas se comporter comme la vigueur musculaire.

Soit un barreau de fer doux entouré d'un fil de cuivre. Si on fait passer un courant électrique, le barreau devient magnétique; si on interrompt le courant, le barreau perd sa vertu attractive. Or à l'état magnétique le barreau a même poids qu'à l'état non magnétique, et le microscope ne révèle aucun changement intime.

Si à l'un des plus forts aimants actuels portant 300 kilogrammes on ajoute successivement des poids, il peut porter 800 kilogrammes. Et cependant aucune modification *apparente* — poids, volume, composition chimique — ne s'est produite dans l'aimant.

Comment après la constatation de pareils faits oserait-on affirmer *a priori* que la pensée doit *nécessairement* avoir un équivalent mécanique, chimique, etc.?

Dans son fol orgueil scientifique, non exempt de naïveté, l'homme du XIXe siècle croit déjà pouvoir faire tenir toute la vérité dans une cornue, sous le microscope ou sur le plateau de la balance!

On connaît la matière — la matière? un mot! — sous trois ou quatre états. On sait que de l'étude de la matière sous son aspect solide il n'était pas possible de déduire certains phénomènes récemment observés à l'état radiant.

Or qu'est-ce que le mental! Nul ne peut répondre. Supposons que ce soit un cinquième état de la matière : l'état psychique. Rien, pas même l'analogie, ne permet de formuler la loi des rapports des phénomènes mentaux avec les phénomènes physiques.

Le Caillet qui, par refroidissement, pression ou autre manière condensera de l'intelligence et la rendra successivement radiante, gazeuse, liquide et solide se fera longtemps attendre sans doute.

D'après l'hypothèse de Spencer, Maudsley, etc. le mental est un épiphénomène qui vient on ne sait d'où et n'a aucun rapport nécessaire avec les phénomènes physiques;

Selon les spiritualistes l'esprit échappe aux lois de la matière;

Si l'on dit avec M. Fouillée que l'idée est une force qui peut se multiplier elle-même par la conscience et la réflexion et surtout par le sentiment de la liberté, on conçoit un dynamisme mental qui semble s'affranchir de la permanence de la force.

En résumé le matérialiste part d'une hypothèse qui, jusqu'à ce jour, n'a pas été vérifiée; le spiritualiste part d'une hypothèse inverse, mais également invérifiée.

D'ailleurs la cellule idéogène n'est point connue. Comment donc apprécier scientifiquement la pensée si l'on ignore ce qui est la condition nécessaire de son activité. Sait-on la propriété d'une des parties constituantes d'un liquide lorsqu'on a pesé ce liquide ou calculé la capacité du tonneau qui le renferme?

Bien plus, lors même que serait parfaite la physiologie de la cellule qui pense ou qui sert de signe sensible à la pensée, il serait encore impossible d'apprécier la qualité des opérations mentales : nous l'avons démontré au chapitre II.

En présence de cette impuissance radicale de mesurer actuellement la valeur de l'esprit, il faut décidément admirer l'assurance superbe des auteurs qui, « grâce aux études contemporaines sur le cerveau », prétendent faire la démonstration scientifique, c'est-à-dire *définitive* de l'incurable infirmité intellectuelle de la femme.

CHAPITRE V

LES ACTES ET L'INTELLIGENCE

« Les femmes n'ont ni le sentiment, ni l'intelligence de la musique, pas plus que de la poésie ou des arts plastiques....

« Mais que peut-on attendre de mieux de la part des femmes si l'on réfléchit que dans le monde entier ce sexe n'a pu produire un seul esprit véritablement grand, ni une œuvre complète et originale dans les beaux-arts, ni, en quoi que ce soit, un seul ouvrage d'une valeur durable....

« Des exceptions isolées et partielles ne changent rien aux choses; les femmes sont et resteront, prises ensemble, les Philistins les plus accomplis et les plus incurables [1] ».

Voilà le grand cheval de bataille des auteurs misogynes. Voilà l'argument qui doit se dresser irréfutable devant tout écrivain assez simple pour douter encore de l' « incurable » myopie intellectuelle de la femme!

Et cet argument mirifique, feuilletonistes, psychologues et philosophes l'accommodent à toutes les sauces : les uns le tournent en brocard, les autres en déductions syllogistiques à livrée de science.

La science! quel beau passeport aujourd'hui pour les paradoxes!

Examinons de près ces dogmatiques affirmations et tâchons d'en dégager la valeur réelle. Voyons si, comme le pensait le philosophe allemand, il est permis de conclure des actes passés à des actes identiques dans l'avenir; si, de la femme des siècles écoulés, il faut néces-

1. Schopenhauer, *Pensées et fragments* (trad. J. Bourdeau).

sairement déduire une femme toujours la même dans les temps futurs; s'il ne devrait y avoir au monde que des femmes formées au « travail et à la soumission »; si cet idéal répond aux besoins sociaux des humains et s'il n'est pas au contraire tout à fait inconciliable avec les lois de l'évolution.

Et d'abord essayons de nous rendre compte de la signification des actes.

Si nous voulons considérer l'acte sous son aspect le plus primitif, le plus simple, nous le trouverons dans la réponse physiologique de la cellule aux excitants externes, nourriture, lumière, température, pression, etc., et, d'une manière plus complexe, dans la résultante — forme, volume, poids, couleur, etc., — des réactions de l'agrégat cellulaire qui constitue un être vivant.

Chez les animaux inférieurs à peu près dépourvus, en apparence, de vie mentale, les réactions physiologiques peuvent être assimilées à des réactions chimiques toujours les mêmes dans des conditions définies de nourriture et d'habitat. Nous pensons que tout est animé; que tout phénomène physiologique est précédé d'une certaine appétition de l'être et s'accompagne de conscience plus ou moins obscure[1]; mais dans les cas que nous envisageons la quantité d'intelligence est si infinitésimale qu'elle ne saurait modifier d'une manière notable et à brève échéance le résultat de la combinaison organique.

Cependant s'il y a, d'une part, *modification* passive imposée par la puissance impérieuse du milieu, d'autre part, puisque l'individu se développe, s'améliore, se perfectionne à son propre profit, il y a aussi *adaptation* au milieu progressive, toujours plus volontaire, plus consciente, plus spontanée. L'acte n'est plus une simple réaction chimique prévue : une force nouvelle — nouvelle en ce sens qu'elle devient appréciable — et toujours croissante, la force psy-

1. Voir *La vie psychique des micro-organismes* dans le volume *Études de psychologie expérimentale*, par M. A. Binet.

chique, en modifie peu à peu le caractère fatal, le rend toujours plus contingent et en diversifie la valeur intrinsèque et les conséquences générales.

Envisageons maintenant l'acte humain. Il ne dérive pas seulement des réflexes somatiques mais aussi des réflexes psychiques; non seulement de ces doubles réflexes mais en outre de la conscience volontaire et de l'idée de liberté.

Nous voici bien loin du simple phénomène chimique provoqué dans la cellule vivante par l'excitation externe. Un grand nombre de forces — se multipliant en nombre et en intensité avec le progrès de la civilisation, — les unes propres à l'individu, les autres extérieures, se combinent d'une manière extrêmement complexe pour engendrer l'acte. Et, pour connaître la valeur de l'acte en fonction d'intelligence, il faudrait pouvoir préciser la collaboration proportionnelle de chacune de ces forces, chose impossible.

Néanmoins, d'une manière générale, nous savons que l'énergie mentale, consciente et volontaire, ne contribue que pour une faible part à la détermination de l'acte, à son orientation, à ses conséquences : l'acte résulte, presque toujours, en grande partie, des réflexes somatiques et psychiques, répondant aux causes extérieures qui, selon l'expression de Spinoza, surpassent par leur force celle par laquelle l'homme persévère dans l'existence.

Sans doute les actes humains considérés pour une longue période sont la mesure approximative de la forme, du degré d'adaptation de l'individu au milieu social et cosmique; mais dans une société très complexe, tirant ses diverses manifestations de l'aveugle expansion de la vie et non point de la raison, de la logique, les actes, dans un tel milieu, ne sauraient signifier déjà les *qualités virtuelles* de l'esprit, ses *possibles ultérieurs;* même, durant les premières étapes de la civilisation, l'exertion volontaire de la force mentale s'évanouit, en quelque sorte, dans la masse confuse des œuvres sociales.

Aussi est-il difficile de concevoir que des

auteurs très remarquables aient poussé l'aberration jusqu'à vouloir déterminer *définitivement* la valeur mentale de la femme, en considérant quelques actes, si peu significatifs d'intelligence, accomplis naguère en une minute de l'évolution éternelle.

Bien plus, on prétend aussi connaître d'une manière fort précise l'*aptitude* et, conséquemment, la valeur psychique des individus en étudiant leurs organes. Par l'adaptation, l'intelligence se « précipiterait » en organes appropriés à ses besoins.

Or il faut remarquer que l'organe ne représente pas seulement une infinité d'expériences de l'intelligence; il est aussi, morphologiquement, la résultante de réponses absurdes aux excitants divers, et de réactions obligées. D'une part, l'organe n'est pas le *pur* signe de la meilleure adaptation de l'individu au milieu, car il représente aussi l'action despotique et confuse des circonstances indifférentes, sinon hostiles à l'utilité humaine; et, d'autre part, les actes empruntent leur valeur très variable au degré et à la forme de civilisation.

Soit, par exemple, la main : sa conformation permet les actes de préhension. Mais la main est susceptible d'accomplir des millions d'actes divers selon le milieu. Plus le milieu sera complexe, plus les actes seront diversifiés.

Si nous considérons maintenant le cerveau où, de l'infinité des combinaisons intellectuelles possibles, chacune peut donner naissance à un prodigieux nombre d'actes d'une variété innombrable, qui empruntent leur *forme* réelle au milieu ambiant et leur valeur conventionnelle et provisoire au degré de culture des individus, à leurs idées, leurs croyances religieuses, leurs préjugés, leurs opinions, leur idéal moral; aux institutions, aux relations internationales, etc.; si nous considérons ensuite l'ensemble des organes dans leurs rapports respectifs avec le cerveau et dans leurs effets d'action et de réaction réciproques; puis dans les modifications occasionnelles des aptitudes mêmes qui résultent de ces influences mutuelles; et enfin si nous observons que les idées agissent les unes sur les autres et manifestent leur force jusque dans la vie organique, nous nous trouvons en présence d'une si effroyable complexité d'actes possibles et si différents par essence que vouloir retrouver, soit dans l'aptitude des organes, soit dans l'incohérente infinité de ces actes, non seulement l'intelligence qui collabora à les engendrer, mais encore sa qualité essentielle, fondamentale, toujours identique, c'est aussi puérilement vain que de chercher avec une longue-vue, dans l'immense volume liquide de l'océan, la *nature* du météore qui, tel jour, grossit de quelques gouttes d'eau le cours de la Loire [1] !

Comment, à travers les innombrables réfractions que les circonstances font subir à la volonté humaine, comment remonter des actes si con-

1. Voir *Les aptitudes et les actes*, par M. Manouvrier (*Bulletin de la Société d'anthropologie de Paris*, t. I, année 1890).

tingents à l'intelligence actuelle et surtout virtuelle, à l'intelligence grosse de possibles ultérieurs!

Il serait pourtant absurde de prétendre que les actes n'ont aucune signification. Considérés dans leur ensemble ils indiquent les divers degrés de l'évolution humaine; ils marquent peu à peu la part d'influence qu'acquiert la volonté de l'individu; l'acte se fait plus conscient et plus libre. L'esprit se combine en proportion toujours plus grande à l'enchevêtrement confus et indiciblement divers des causes extérieures et des réflexes individuels. Avec le progrès de l'humanité, l'acte devient toujours plus significatif d'intelligence.

Mais essayons de préciser le caractère général de l'influence du milieu sur la femme dans les temps passés.

Nous avons déjà vu que, dans les sociétés primitives, la faiblesse musculaire condamnait la femme à une vie moins intense, moins extérieure, moins diversifiée que celle de l'homme.

A mesure que s'adoucissent les mœurs, que des lois de moins en moins grossières s'établissent, que naît l'opinion publique, des préjugés — immédiatement inévitables sans doute — faussent le jugement de l'homme à l'encontre de sa compagne et empêchent celle-ci de jouer un rôle actif et personnel dans la société.

Ainsi aux causes organiques qui paralysent la libre évolution de la femme, l'homme ajoute l'influence défavorable des sentiments, des idées; il entoure en quelque sorte la femme d'une atmosphère morale essentiellement inhibitive.

Bien plus, il l'emmaillote dans le réseau très serré des lois inflexibles. Au sexe masculin, toutes les libertés; pour le sexe féminin, toutes les prohibitions. D'où, en un mot, milieu tout défavorable à l'affirmation de la moindre originalité de la femme : l'homme n'a qu'à s'abandonner au flot héréditaire qui le porte vers toutes les variétés, vers tous les progrès; la femme doit lutter sans cesse contre une fatale hérédité qui tend à l'immobiliser, à la pétrifier.

De l'infériorité physique féminine, l'homme déduit — avec primitivement assez de raison — une infériorité intellectuelle et morale correspondante. La femme étant donc inhabile aux choses qui demandent de la raison et de la justice, elle sera laissée étrangère, autant que possible, à la vie sociale. Belle, gracieuse, docile, « formée au travail et à la soumission, » telle devra être la compagne de l'homme.

Ainsi elle évoluera vers un idéal conçu par *l'homme seul*. Elle acquerra des manières selon le cœur de l'homme, son imagination deviendra très vive, ses sentiments se compliqueront, sa sensibilité s'aiguisera, mais la logique, la raison, la vigueur de la pensée resteront le lot masculin.

La femme vivra exclusivement pour son compagnon; hochet de l'amour pour le mâle et conservatrice aveugle de l'espèce : voilà tout! Plaire à l'homme est sa fonction suprême.

Aux époques de foi religieuse on discutera gravement si la femme a une âme; si elle doit être considérée comme un être raisonnable;... et lorsque, se dégageant de toute conception métaphysique, la morale est envisagée au point de vue humain, social, si la plupart des auteurs se plaisent à reconnaître que la femme l'emporte sur l'homme par sa bonté, sa pitié, ses tendances altruistes, en un mot par l'exquisité de ses sentiments, ils s'empressent d'ajouter que, d'autre part, elle sera dans l'éternelle impossibilité d'objectiver autant d'intelligence que l'homme.

Et, pour faire cette démonstration, on invoquera l'expérience et surtout, ainsi que nous le verrons plus loin, de récentes découvertes biologiques.

Un professeur de chimie à l'Université de Genève déclarait doctement, il y a quelques années, que les femmes n'ont pas d'aptitude pour les sciences parce que dans les manipulations elles cassent plus d'éprouvettes que les hommes. En vérité, voilà une mirifique preuve! Il serait oiseux de combattre une opinion aussi absurde si elle ne constituait un des mille exemples des tendances qu'ont les « hommes de laboratoire » à abuser de l'induction dès qu'ils sortent du domaine où ils acquièrent souvent une bien légitime célébrité.

Le bon professeur suisse ne devrait pas oublier que les jeunes filles sont des étudiantes d'hier; que leurs mères ni leurs aïeules ne s'occupèrent jamais d'expériences dans un cabinet de physique et qu'au contraire elles furent élevées pour tout ce qui demande de l'imagination et non de la précision.

On objectera peut-être avec M. Ernest Naville qu' « il n'existe pas de générations de femmes se développant parallèlement à celles des hommes »[1]; mais, encore que les observations sur l'hérédité soient insuffisantes, il est permis de répondre avec M. H. Spencer qu' « un parent est bien plus sujet à transmettre les défauts de

1. Ernest Naville, *La condition sociale des femmes*, p. 23.

conformation et les maladies aux enfants de son sexe qu'à ceux de l'autre sexe »[1] et il est probable que l'hérédité s'étend non seulement à toute la mémoire physiologique mais aussi aux qualités mentales. M. Th. Ribot écrivait récemment : « C'est une opinion assez répandue dans le monde que l'hérédité *croisée* est la règle, que la fille tient du père et que le fils ressemble à la mère, en général. Rien ne justifie cette hypothèse, quoiqu'elle ait été soutenue par beaucoup d'auteurs (Buffon, P. Lucas, etc.).... Les recherches statistiques, quelque imparfaites et limitées qu'elles soient, ne sont guère favorables à l'opinion commune et vont plutôt dans le sens contraire. Ainsi, en ce qui concerne les maladies mentales, sur 571 cas, Baillarger en trouve 325 directs et 246 croisés. Galton, d'après d'autres documents tirés des cas normaux, va plus loin encore : 70 p. 0/0 directs, 30 p. 0/0 croisés[2] ».

1. H. Spencer, *La science sociale*, p. 407.
2. Th. Ribot, art. Hérédité, dans la *Grande Encyclopédie*.

Les abeilles et les fourmis offrent d'ailleurs un exemple d'hérédité bien plus extraordinaire : les neutres, à chaque génération, *héritent* des instincts des neutres antérieurs bien que ceux-ci ne puissent se reproduire! C'est là un fait. D'après M. Fouillée, « il faut supposer à l'origine une fécondité générale sans insectes stériles. Encore aujourd'hui, la reine ne pond pas des œufs qui doivent nécessairement tous devenir des abeilles neutres ou ouvrières; les mêmes œufs peuvent devenir des reines fécondes ou des ouvrières stériles suivant la *nourriture* qui est donnée aux larves. Tout apiculteur un peu expert sait que, lorsque la reine disparaît par une raison quelconque, la ruche en refait une avec une larve éclose depuis trois jours et qui était destinée à devenir une ouvrière.... L'ouvrière n'est donc qu'une femelle imparfaitement développée, mais *capable à son origine* [1] d'un développement complet [2]. »

1. Non souligné dans le texte.
2. A. Fouillée, *Évolutionnisme des Idées-Forces*, p. 222.

On voit par là que chez ces insectes un *certain milieu* attend les larves et en fait, selon le cas, des ouvrières ou des reines; ainsi s'affirme d'une manière éclatante la puissance souveraine du milieu.

Or un *milieu spécial*, différent de celui de l'homme et toujours *sensiblement le même*, n'attend-il pas l'enfant du sexe féminin? Habits différents qui symbolisent sa faiblesse et sa vassalité, jeux différents, attitudes différentes, instruction différente, langage différent.... Par-dessus tout, on inculque à la jeune fille la retenue, la crainte, la timidité, l'esprit de soumission, l'acquiescement crédule; on évite de nourrir son esprit de pensées fortes et fécondes. Si la femme apprenait à réfléchir, non plus comme un miroir mais comme l'homme, elle jetterait sa note personnelle dans le concert de la vie humaine; quel danger! Fi des raisonneuses! Heureusement que, depuis Aristophane jusqu'à Molière, des auteurs célèbres ont flagellé du tout-puissant ridicule les femmes qui voulurent se hausser au niveau de l'homme!

Donc, pour la femme, goûts futiles, légèreté de la conversation, culture de l'esprit-fusée et point de l'esprit-faculté. En un mot, éducation selon un idéal immobile, toujours le même, partout le même; plaire à l'homme et lui être soumise, c'est-à-dire manifester toujours une absence complète d'originalité en tout ce qui constitue le fond sérieux de la vie. Et ainsi depuis la Bible jusqu'au Code civil, depuis Moïse jusqu'à Napoléon!

Lors même que la transmission héréditaire pourrait être niée — aucun fait positif n'autorise cette négation à l'heure actuelle, loin de là, — il ne resterait pas moins que, depuis l'origine des sociétés, à chaque nouvelle génération, la femme se trouve enfermée dans un cercle de préjugés, d'habitudes, de lois, de mœurs toujours identiques qui lui inculquent invinciblement les mêmes besoins, les mêmes idées, les mêmes tendances et ne laissent de place que pour les mêmes possibles, les mêmes actes. L'homme *seul*, suivant sa manière de sentir, suivant la conception de son propre bonheur, de l'harmonie sociale, en un mot selon son idéal de la vie, fait naître cet ensemble de circonstances puissantes, impérieuses qui coulent la femme dans le même moule éternellement.

Ce milieu est donc, dans une certaine mesure, le produit voulu de l'homme. Néanmoins, couvrant leur étonnement du manteau de la philosophie, nombre d'auteurs s'écrient d'un air de conviction profonde : Voyez ! la femme est essentiellement inférieure puisque dans l'ordre de la pensée — où elle ne pouvait rencontrer d'obstacles extérieurs !!! — elle n'a réalisé aucune de ces merveilles dont l'homme est légitimement fier ! Mais pourquoi ne pas trouver singulier que les êtres qui exercent peu leurs yeux aient la vue moins perçante que celle de l'aigle ?

Si quelque chose doit exciter l'étonnement, c'est que, malgré ces influences accumulées, se stabilisant peu à peu dans l'organisme, imprimant leur trace indélébile dans les moindres détails de l'existence sociale quotidienne — éducation, mœurs, habitudes, coutumes, costume, préjugés, respect humain, littérature légère et sérieuse; philosophie, psychologie, science — et affirmant, multipliant leur force, la rendant despotique au premier chef en prenant le caractère violent de la *légalité*, c'est que l'histoire mentionne un grand nombre de femmes qui se sont illustrées dans la science, les lettres, les arts, la guerre même, ou qui sont devenues les chefs suprêmes des peuples !

N'est-il pas bien extraordinaire de pouvoir citer des femmes célèbres par leur savoir telles que Hypathie, Marie Agnesi, Émilie du Châtelet, Clotilde Tambroni, Sophie Germain, Mary Somerville, Sophie Kovalewski, la doctoresse Giuseppina Catani, qui, à l'heure actuelle, occupe la chaire d'histologie à la Faculté de médecine de Bologne; Mlle Clémence Royer, la savante philosophe; la mathématicienne Mrs Christine Laad Franklin, de Baltimore;

l'astronome Maria Mitchell (Massachusetts), etc.; par leurs œuvres littéraires : Mme de Staël, George Sand, Daniel Stern, George Eliot, Mrs Becheer Stowe, Mme Carmen Sylva, Mme Juliette Adam, l'éminente directrice de *la Nouvelle Revüe*, etc.; par leur génie dramatique, les actrices : Champmeslé, Lecouvreur, Mars, Rachel, Ristori, Sarah Bernardt, Charlotte Cushmann (Massachusetts), etc.; par leurs œuvres d'art : la peintresse Rosa Bonheur; la compositrice Augusta Holmès; la sculptrice Anne Whitney (Massachusetts), etc.; par leur courage ou leur haute valeur morale : Cornélie, mère des Gracques; les mères de Marc-Aurèle, saint Augustin, saint Louis, Henri IV, Marmontel, Schiller, André Chénier, Gœthe, Napoléon Ier, Chateaubriand, Lamartine, Littré, Michelet, etc.; par leur héroïsme : Jeanne d'Arc en France, et, en Amérique, Mrs Cushing, Déborah Samson, Maria Child, Maria Champman, etc.; et n'est-il pas surtout bien extraordinaire de voir en outre que, dans l'antiquité, l'Égypte, l'Assyrie, la Perse, la Carie, la Macédoine, la Scythie, la Bretagne, et, dans les temps modernes, l'Autriche, l'Angleterre, l'Écosse, la Russie, Milan, Mantoue, Parme, Naples, l'Espagne et le Portugal aient placé des femmes sur le trône? Voilà qui doit frapper tout homme de bonne foi, car il est merveilleux que tant de femmes, en des circonstances si diverses, aient pu briser leur chrysalide.

Et si l'on compare — eu égard aux difficultés qu'elles rencontraient — le nombre des femmes qui se sont illustrées par leur valeur mentale au nombre d'hommes célèbres qui, eux, n'avaient aucune difficulté extérieure à vaincre, on ne peut s'empêcher de voir là le signe très sûr de l'excellence de la nature féminine et de son invincible perfectibilité.

Donc l'homme avait la force, et cette suprématie lui assura la raison; la femme eut la souplesse, fille de la minorité physique, et la spontanéité d'une grâce imprévue, toujours mobile. L'homme, voulant d'ailleurs conserver le monopole de la précision dans la pensée et dans les actes, éleva la femme de manière qu'elle acquît des qualités contraires : d'où imagination très vive, jamais maîtrisée par la froide raison. « Les femmes sont faites pour commercer avec nos faiblesses, avec notre folie, mais non avec notre raison » dit Chamfort.

La suprême distinction, la plus séduisante grâce, consistèrent pour elle à se faire remarquer par une certaine gaucherie — combien délicieuse! — dans tout ce qui se rapportait aux travaux exclusivement masculins. Dès qu'elle touchait à un appareil dont le maniement fut toujours réservé à l'homme, le pli de l'éducation, le désir naturel et acquis aussi, le besoin impérieux de plaire au mâle qui est *partout le maître*, tout concourait à donner à ses mouvements cette imprécision d'où rayonne pour l'homme un indicible charme. En réalité, cette imprécision d'apparence organique a sa principale source — provisoire — dans l'orgueil masculin ainsi tacitement flatté.

Durant des siècles la femme ne cultiva que son imagination, n'exerça son esprit et la dextérité de ses mains, sinon dans les arts d'agrément. Peu à peu, elle adapta ainsi harmoniquement la mobilité, la souplesse, la délicatesse extraordinaire de ses doigts aux caprices sans cesse variés de sa divine fantaisie. Voyez la mode! Rien de plus toujours et continuellement modifié que la forme, les nuances, les plis, les combinaisons de couleurs, de dessins, de rubans, de qualités d'étoffes dans la confection des robes, des chapeaux, des mille objets de toilette qui donnent à la femme sa ravissante multiplicité d'aspects, parent sa beauté composite de prestigieuse grâce, font émaner de ses appas une si ensorcelante fascination.

Et pour tous ces travaux féminins, il ne faut pas de la précision clichée, mais des mouvements protéiformes, essentiellement et spontanément modifiables au gré de la fantaisie qui crée sans cesse une *nécessité* nouvelle de *mouvements nouveaux*.

Combien l'homme est partial dans les jugements qu'il formule sur l'autre sexe! Nul ne songe à invoquer au profit de la femme les lois de l'hérédité que pourtant l'on proclame générales.

« L'habitude produit dans les cellules affectées soit *aux opérations mentales*[1], soit aux mouvements, une orientation nouvelle, qui s'étend d'une partie du corps aux parties similaires par une sorte de contagion. La méthode d'écriture d'Audoyer consiste en ce que l'élève repasse avec la plume au moins vingt fois de suite sur les lettres tracées au crayon; le physiologiste Weber a observé chez ses enfants que la main gauche apprenait un peu à écrire en même temps que la main droite, mais écrivait à rebours : il a donc fallu que la partie droite du cerveau s'exerçât sans que la main gauche fît de mouvement, et que l'habitude s'étendît par contagion d'un hémisphère à l'autre. Une contagion analogue peut s'étendre *par hérédité du cerveau des parents*

1. Non souligné dans le texte.

à celui des enfants[1] c'est ce qui fait revenir l'accent paternel et ancestral dans la voix des sourds-muets; c'est ce qui fait aussi reparaître dans certaines familles des *traits caractéristiques d'écriture*[2]. »

Faut-il maintenant s'étonner avec le bon professeur genevois que les étudiantes soient moins *adroites* que les étudiants dans les manipulations de physique ou de chimie?

A ce compte, il faudrait s'étonner également de ce que l'homme ne saurait avoir du jour au lendemain ce coup d'œil, cette intuition prompte grâce à laquelle la femme perçoit dès l'abord les sentiments fugitifs de ceux qui l'entourent, intuition que, d'après M. Spencer, la femme acquit peu à peu, héréditairement, sous la pression des circonstances[3].

Mais, dit-on, la femme n'a pas l'imagination créatrice même dans ce qu'elle cultive le plus!

1. Non souligné dans le texte.
2. A. Fouillée, *Evolutionnisme des idées-forces*, p. 215.
3. Herbert Spencer, *La science sociale*, p. 406.

Cette opinion est si superficielle que nous sommes vraiment fâché de la trouver chez le très subtil et très vigoureux penseur qu'est M. Fouillée.

« Une originalité puissante est chose rare, jusqu'à présent, dans les œuvres des femmes, qu'il s'agisse de la littérature ou des arts et, parmi les arts, de celui qu'elles cultivent le plus, la musique [1]. »

Les femmes, en effet, s'occupent beaucoup de musique, c'est-à-dire *exécutent* beaucoup; mais quel rapport y a-t-il entre l'exécution et la composition? Celle-là demande de la mémoire mentale et surtout physiologique; celle-ci exige une culture profonde des facultés créatrices de l'esprit. La création, en musique comme en n'importe quel art, suppose un perfectionnement — résultat d'un exercice héréditaire — du substrat même de l'intelligence, et nous avons déjà vu que durant des siècles la femme fut naturellement et

1. A. Fouillée, *La psychologie des sexes* (*Revue des Deux Mondes*, 15 septembre 1893, p. 419).

systématiquement empêchée de développer son esprit-faculté. Ce n'est donc pas en exécutant beaucoup de musique — exécution qui intéresse seulement l'automatisme psychologique et physiologique — que la femme pourrait développer son imagination créatrice.

Aussi bien, pour réduire à néant l'objection que M. Fouillée a reprise après tant d'autres auteurs et que l'on croit si forte, il suffit de citer les propres paroles de l'éminent philosophe. « Le génie est une dépense de force en vue d'une adaptation nouvelle de l'homme au milieu social et cosmique. Il suppose la puissance et l'audace de la volonté qui s'élance vers l'inconnu de l'avenir. Plus ou moins révolutionnaire et conquérant, il n'a souci ni des résistances possibles et probables, ni des opinions reçues, ni des traditions séculaires.... La femme eût-elle la puissance d'effort cérébral nécessaire à ces conquêtes, il y a une retenue, une modestie, une timidité naturelle qui l'arrêtent : elle sent que ce n'est pas son rôle [1]. »

1. A. Fouillée, *La psychologie des sexes*, p. 419.

Oui, tout est là : « elle sent que ce n'est pas son rôle » !

L'homme pensa toujours que la femme est exclusivement faite pour procréer des enfants et point pour créer dans l'ordre intellectuel. Cette idée masculine fut si forte, elle manifesta son influence d'une manière si magnétique à travers les paroles, les actes, les institutions, que par « induction psychique », par la suggestion des phénomènes sociaux et de la *force* exerçant son despotique empire de mille façons, la femme fut amenée à penser aussi qu'il ne lui convient pas d'avoir du génie ni même *d'essayer* d'en avoir.

La psychologie expérimentale a montré que toute idée est un commencement d'acte[1] : donc toute idée qui est la conscience d'une impossibilité est inhibante. Et si l'idée se transforme en sentiment, sa puissance inhibitive s'accroît, devient irrésistible.

Or, dit M. Fouillée, la femme « sent que

1. Ch. Féré, *Sensation et mouvement*, p. 15 et 16.

ce n'est pas son rôle » d'avoir du génie, de « s'élancer vers l'inconnu de l'avenir », c'est-à-dire de créer en art ou en science. Ce n'est point l'illustre auteur de l'*Évolutionnisme des idées-forces* qui saurait contester l'influence profondément défavorable d'une pareille idée ou d'un pareil sentiment sur toutes les tentatives artistiques des femmes. C'est en vain que, se référant à cette définition : « l'idée est la conscience claire de la force et de ses rapports avec les autres forces »[1], on voudrait soutenir que si la femme a l'idée de son incapacité, cette incapacité doit être réelle; car nul ne peut s'empêcher de reconnaître, d'une part, que des idées fausses — c'est-à-dire représentant des rapports imaginaires — suggérées à des sujets qui les admettent comme vraies, finissent par manifester leur force, tout comme les idées vraies; et, d'autre part, que l'idée d'incapacité ou de non convenance dont la femme est hantée prend le

1. A. Fouillée, *Évolutionnisme des idées-forces*, p. 296.

caractère d'une prodigieuse somme de suggestions séculaires et dérivant toutes, en dernière analyse, de l'évidente suprématie musculaire de l'homme, c'est-à-dire d'un principe dont l'évolution sociale a déjà montré la fausseté.

Ainsi sont nées « cette retenue, cette modestie, cette timidité » que M. Fouillée qualifie de « naturelles » et qui ne sont que l'accommodation à un milieu despotique, d'ailleurs provisoire. « Le génie n'a souci ni des résistances possibles, ni des opinions reçues, ni des traditions séculaires », assurément; mais nul homme ne s'est jamais trouvé dans un milieu aussi invinciblement, aussi totalement hostile que celui qui transforme la femme en sisyphe de l'originalité.

L'homme aurait-il fait preuve de la même originalité puissante si, comme la femme, il eût été à la fois soumis et naturellement lié à un individu omnipotent; s'il eût senti son activité prise dans les rets des prohibitions multiples que ce « maître » aurait tissus avec obstination dès l'aube des sociétés humaines?

Nul n'oserait le soutenir.

M. Fouillée ajoute : « Nous n'oublions point qu'il a existé une Jeanne d'Arc, mais il a fallu la voix des saintes pour entraîner la jeune paysanne aux batailles ». — Socrate n'avait-il pas son démon?

Et, d'ailleurs, en quoi la voix des « saintes » ou les suggestions du « démon » peuvent-elles, au regard de l'esprit philosophique, diminuer la valeur personnelle de Jeanne d'Arc et de Socrate?

Ce qui est merveilleux, c'est que nombre de femmes aient pu se dégager des « traditions séculaires », franchir d'un seul bond *tous* les obstacles que l'homme mit une infinité de générations à surmonter; et aussi *d'autres obstacles* nés du prestige de la force et que le sexe masculin ne rencontra jamais sur la route de son évolution.

Ainsi, par exemple, Sophie Kovalewski, a-t-elle eu « souci des résistances possibles, des opinions reçues?.. ».

Elle quitta la maison paternelle à dix-huit ans;

se maria de sa propre initiative, malgré son père, non point par passion sensuelle — le mariage resta fictif durant plusieurs années — mais afin de pouvoir suivre les cours des universités [1]. En 1888, l'Académie des sciences lui décerna le prix Bordin à l'unanimité. M. Darboux, un des premiers géomètres de notre temps, disait de Mme Kovalewski que son nom sera placé à côté de ceux d'Euler et de Lagrange dans l'histoire des découvertes relatives à la théorie d'un corps solide autour d'un point fixe [2].

La véritable originalité est chose rare, même parmi les hommes, ne soyons pas dupes des apparences. En littérature, trois ou quatre hommes par siècle; deux ou trois en philosophie, en science, en art. Tous les autres, encore qu'ils occupent une place honorable dans la galerie historique, ne sont que des imitateurs : ils font des variations sur un thème connu.

1. *Souvenirs d'enfance de Sophie Kovalewsky suivis de sa bibliographie*, par Mme A. Ch. Leffler (Paris, Hachette, 1895).
2. A. Rebière, *Les femmes dans la science*, p. 70.

L'homme cependant est servi à merveille par sa nature, l'intransigeance sociale, l'hérédité, l'éducation, la liberté, la confiance qui naît de la suprématie physique, de la maîtrise consacrée par les lois, la religion, la philosophie, affirmée aussi par la science ; toutes choses qui jettent des coefficients prodigieux devant son énergie mentale et le poussent invinciblement vers les plus riches variétés.

Mais si la femme s'est montrée peu originale dans le domaine où il lui était interdit d'entrer, c'est-à-dire dans les choses sérieuses, il faut reconnaître qu'elle manifeste une inépuisable imagination créatrice dans tout ce qui, de par *la volonté masculine convient à son sexe.* N'invente-t-elle pas, ne crée-t-elle pas sans cesse dans l'art de la toilette ?

De ce qui précède, il résulte que l'intelligence *actuelle* varie avec les circonstances — éducation, instruction, liberté, etc. — et celles-ci avec l'évolution de l'individu.

Aussi est-il souverainement faux d'induire

d'une manière *définitive* l'infirmité mentale de la femme de l'activité de ce sexe durant les premiers stades de la société humaine, car si les actes de cette période de l'évolution sont peu significatifs de volonté libre, même chez l'homme, ils accusent encore beaucoup moins de spontanéité de la femme.

Sous le règne de la force brutale, la femme fut condamnée à l'imitation servile; elle dut subir une adaptation arbitraire imaginée par l'homme et aussi arbitraire que le permettait la relative liberté masculine.

Comment donc pour les siècles écoulés pourrait-on comparer les actes des femmes à ceux des hommes puisque les deux sexes ne se trouvaient point dans les mêmes conditions physiques ni mentales? Ce serait procéder comme le mathématicien qui voudrait comparer deux fractions non réduites au même dénominateur.

Et si, pour les temps passés, la comparaison des actes respectifs des sexes est illégitime il sera tout à fait absurde de vouloir induire de cette *comparaison impossible* un rapport *constant* entre les valeurs mentales de l'homme et de la femme, c'est-à-dire de poser d'une manière absolue que la femme est *originellement* et *irrémédiablement* affligée d'infériorité intellectuelle.

C'est là une affirmation si gratuite qu'on est vraiment gêné de la trouver chez Schopenhauer et quelques autres grands penseurs.

Mais, au XIXe siècle, les conditions sociales *tendent* à ouvrir les mêmes possibles aux deux sexes. Depuis une cinquantaine d'années, la femme a conquis en divers pays sa presque entière liberté. Aussi ses actes condensent-ils, aujourd'hui plus de valeur personnelle que ceux de jadis et ont-ils déjà une haute signification, encore qu'il fût injuste de croire que la femme, en un laps de temps si court, ait pu rompre les multiples chaînes que des centaines de siècles forgèrent si solides.

Nous examinerons, dans un chapitre spécial, l'importance sociale qu'a déjà su prendre la femme contemporaine dans les pays libres.

Si maintenant nous envisageons les actes au point de vue de la plus heureuse expansion de l'être humain, c'est-à-dire de sa *meilleure* adaptation au milieu, nous sommes amenés à reconnaître que ce qui, aujourd'hui, est qualifié *intelligent* n'est consacré tel que relativement à un idéal qui peut être faux et d'autant plus faux qu'il est conçu par l'homme *seul*.

Ainsi la guerre — dont certains brillants sophistes, tels que M. Gust. Le Bon [1], prétendent démontrer l'inéluctable nécessité — sera considérée dans l'avenir comme une aberration de l'intelligence.

Pour les générations ultérieures plus éclairées, plus conscientes des véritables besoins sociaux de l'homme, l'instruction, *telle qu'elle fut donnée au* XIXe *siècle*, apparaîtra comme une superstition dangereuse, comme une cause puissante de déséquilibration économique et morale; nos descendants auront la vision claire qu'il importe infi-

1. G. Le Bon, *Rôle du caractère dans la vie des peuples* (*Revue scientif.*, 1er sem. 1894).

102ème

Note de l'auteur

…p. 63, § 2, 1re ligne, lisez : « Le Caillotet etc. »

Les pages 102-103-104 de ce livre furent souvent mal interprétées. Je voudrais qu'elles ne le fussent plus. Je prie donc les personnes qui liront cet exemplaire de réserver les conclusions qu'elles seraient tentées de tirer de ces pages prises isolément. Ma critique très vive d'un état social dont nul, en particulier, n'est responsable, n'attaque point les membres de l'Université à aucun degré. Elle ne peut les toucher.

Ma critique, trop concise et très abstraite, ne peut être comprise que par les esprits habitués à la spéculation pure. J'adjure donc tous les autres d'attendre que j'aie développé toute ma théorie philosophique. Ce serait déjà fait si des circonstances indépendantes de ma volonté ne m'en avaient empêché. Mais cela se fera.

J'ajoute aujourd'hui, simplement ceci :

Les membres de l'enseignement, dans les trois ordres, sont des hommes et des femmes de conscience ; ils font leur devoir selon les éléments psychologiques et sociaux de notre temps. Ma critique est de fond et non de forme. Elle ne concerne pas la morale pratique. Celle-ci est aussi bonne – sinon meilleure – chez nous que partout ailleurs.

Ma théorie s'accorde, dans ma pensée, avec le principe républicain, base de la plus haute évolution humaine.

Jacques Lourbet

St-Girons (Ariège) le 27 juin 1911

niment plus de faire l'*éducation* du peuple, de l'élever moralement, de former son *caractère* que de lui donner une sèche instruction purement libérale ; que si le progrès multiplie les besoins de l'individu, les rend impérieux par l'affinement des qualités intellectuelles, il importe au plus haut point de multiplier corrélativement les moyens de satisfaire ces besoins nouveaux et variés ; que sous prétexte de cultiver les cerveaux — rien que les cerveaux, comme si l'être humain n'avait pas aussi un estomac et un cœur ! — il est dangereux de laisser les champs en friche et périr la sympathie ;... de pousser l'homme, invinciblement, par l'organisation de l'*exclusive instruction*, à l'égoïsme féroce, aux convoitises sans limites et par suite aux plus redoutables violences....

Il y a un tel obscurcissement de la conscience chez les directeurs des peuples que, en France par exemple, il s'est établi une véritable confusion entre l'*instruction morale* et les *inclinations* morales. Aussi du bas au haut de l'échelle universitaire n'y a-t-il point d'éducation véritable. On instruit l'individu des choses de la morale, on ne cherche pas les moyens de le rendre bon; on ne l'incline point à s'améliorer : on s'ingénie uniquement à le rendre habile.

Ce beau régime a déjà contribué puissamment à faire surgir du sein de notre civilisation quelques monstres qui, hier encore, scandalisèrent l'univers où le terrifièrent.

L'idéal humain n'est pas quelque chose de figé en une immuable forme; il est soumis à la loi des modifications progressives à laquelle sans doute rien n'échappe.

Et avec ces modifications changent aussi les principes qui donnent leur prix aux actes humains.

Donc, non seulement la pression des forces extérieures joue un grand rôle dans l'activité, mais encore le concept de la vie lentement élaboré par l'homme marque tous les actes au coin d'une valeur conventionnelle et provisoire.

Et l'idéal dont la majorité des représentants

du sexe masculin caressent encore, avec une orgueilleuse satisfaction, la définitive forme, sera sans doute reconnu absurde lorsque la civilisation découlera de la libre et naturelle expansion du couple humain.

Aussi bien déjà s'élargit l'esprit de nombre d'hommes. Ils commencent d'entrevoir la possibilité d'une vie plus intense et plus variée; afin d'augmenter le bonheur, d'atteindre à un plus haut degré de valeur morale, ils sentent l'impérieux besoin d'ouvrir toutes grandes à la femme les voies les plus diverses de l'activité. Non plus soumise, docile et réfléchissant passivement la pensée, la volonté masculines, mais énergie personnelle, originale, et, par ses combinaisons subtiles avec l'énergie de l'homme, créant des ressources psychiques nouvelles, insoupçonnées, impossibles sans cette fusion des contraires. Et plus la spécification de chaque sexe s'affirmera, c'est-à-dire plus l'homme et la femme se développeront en toute liberté selon les lois intimes qui respectivement les régissent, plus se multiplieront les variations progressives de l'espèce humaine dans sa triple activité : physique, intellectuelle et morale.

Physiquement, la différenciation des éléments nécessaires à la production d'un nouvel être paraît suffisante; mais l'éclat éphémère de toutes les civilisations qui se sont succédé sur notre globe montre qu'il n'en est pas de même mentalement.

Les sexes ont perfectionné au physique leurs qualités propres et contraires, mais la vie intellectuelle est toute condensée dans le cerveau masculin : la femme reflète la pensée de l'homme sans jamais la modifier d'une manière fondamentale. Il est incontestable que tout ce qui constitue la trame de la civilisation est conçu par l'homme et que seules des apparences quasi négligeables et tout adventices sont dues à l'initiative de la femme.

On pourrait donc schématiser ainsi les causes de toutes les civilisations disparues ou encore plus ou moins florissantes :

L'homme, en sa libre et diverse activité, acquiert de nombreux éléments psychiques dont les combinaisons avec ceux de la femme amènent le progrès. Mais la femme jouant un rôle passif, étant pour ainsi dire un réflecteur, ne peut, en réalité, que présenter des éléments presque identiques à ceux de l'homme. En sorte que le perfectionnement de la société humaine résulte à peu près exclusivement des ressources mentales du sexe masculin. Et l'on sait que dans toute la nature, les plus puissantes combinaisons, les plus riches, les plus durables, celles qui condensent le plus d'énergie, qui sont susceptibles d'arracher le plus de force au sommeil de la virtualité, naissent des contraires. Or, malgré de grossières apparences, il est infiniment probable que tous les éléments de progrès élaborés par l'homme *seul* tendent invinciblement à se différencier de moins en moins ; ils doivent avoir, nonobstant une certaine variété extérieure, un substrat identique limitant les combinaisons dans un cercle non seulement infranchissable mais se rétrécissant toujours pour aboutir enfin — en une heure relativement courte de la journée éternelle — à l'irréductible stérilité. Ne voyons-nous pas, en effet, depuis l'aube de l'histoire, les peuples parvenir à un certain degré de civilisation, puis aller en décadence et enfin disparaître?

Sans doute, des causes nombreuses, fort diverses, souvent indépendantes de l'homme, collaborèrent à l'éclipse des grandes civilisations qui jetèrent sur notre globe un fugitif éclat; mais la complexité, la richesse de l'esprit humain est la puissante amorce du progrès, celle qui réunit autour d'elle les forces éparses et virtuelles. L'idée joue dans la vie universelle des intelligences un rôle analogue à celui d'un cristal dans la solution sursaturée d'un sel.

Et si la femme était libre, si elle évoluait selon sa nature, elle présenterait des éléments de progrès originaux de plus en plus différenciés dont le subtil mariage avec les éléments masculins produirait une variété infinie dans les ressources mentales de l'humanité. .

Les manifestations sensibles de l'esthétique humaine sont incomplètes. L'art se réalise sous un seul aspect : l'aspect conçu par l'homme. Il acquerra une plus haute puissance, il deviendra souverain, total, essentiellement l'*art humain*, quand la femme vivra sa vie propre, personnelle et amènera le maximum de dynamogénie intellectuelle. Les combinaisons obscures des vibrations de la pensée multiplieront la force créatrice et la feront se résoudre en œuvres splendides d'une merveilleuse synthèse, plongeant dans l'immortalité sûre par la multiplicité de leurs racines profondes.

L'évolution humaine aura un terme ; mais elle ne sera complète, elle n'épuisera tous les possibles dans les manifestations du beau et du bien que si la femme y collabore en pleine liberté.

Et cette théorie, que nous exposons ici brièvement, empruntera une force particulière à de récentes découvertes biologiques dont nous parlerons plus loin.

CHAPITRE VI

PUISSANCE MENTALE ET PUISSANCE SEXUELLE

Il se produit vers la fin du XIXe siècle un phénomène très important à noter : la science a manifesté des ressources si merveilleuses, elle a réalisé dans l'ordre pratique des prodiges si admirables, que peu à peu s'est glissé, même dans les meilleurs esprits, le fétichisme de cette magicienne contemporaine. Loin de nous la pensée de vouloir médire de l'observation, de l'étude des faits : la méthode expérimentale est infiniment précieuse; elle donne le moyen sûr de marcher sans cesse à la découverte de vérités nouvelles et de débarrasser l'esprit de la gangue épaisse des préjugés qui faisait s'immobiliser l'homme en la vaine contemplation de séduisantes chimères.

Nous combattons seulement les impatients qui pensent tout expliquer avec les quelques données incertaines de la science à peine ébauchée.

L'homme de notre époque croit pouvoir faire déjà les inductions les plus absolues; il pousse l'imprudence, l'orgueil insensé, jusqu'à dire : il n'y a plus de mystères! oubliant que la grande synthèse est à peine entrevue; qu'à regarder de haut peu de principes peut-être sont définitifs; que les lois, hâtivement induites, ont souvent un caractère provisoire, destinées qu'elles sont à être modifiées par des découvertes ultérieures, par une vision plus aiguë des détails et de l'ensemble, par une projection plus stable, plus complète, plus lumineuse des faits dans le champ élargi de la conscience et par une intellection plus précise des rapports intimes et généraux, prochains et lointains entre les phénomènes les plus divers, laborieusement enregistrés par les générations successives.

Ainsi est né de nos jours ce qui pourrait s'appeler le « préjugé scientifique ».

Ce travers est si général qu'un des esprits les plus profonds et les plus indépendants de ce temps, M. Fouillée, semble n'y avoir pas complètement échappé.

Dans une récente et très remarquable étude [1], M. Fouillée, s'appuyant sur les précieuses découvertes biologiques dernières, a exposé avec beaucoup de force quelle est, selon lui, la constitution physique et mentale des sexes; mais, toutefois, tirant, surtout, des phénomènes matériels de la fécondation des conséquences psychologiques et sociales très précises, il nous paraît avoir abouti à des conclusions insuffisamment démontrées.

On sait que le spermatozoïde, plus petit, plus actif que l'ovule, montre des qualités centrifuges,

1. A. Fouillée, *La psychologie des sexes et ses fondements physiologiques* (*Revue des Deux Mondes*, 15 septembre 1893).

tandis que l'ovule, plus gros, plus passif, fait preuve de qualités centripètes. Et M. Sabatier, dit M. Fouillée, faisait à ce sujet un rapprochement plein d'intérêt : dans cette fonction d'élément centrifuge, mobile et chercheur, ne reconnaît-on pas déjà ce que l'on peut appeler l' « extériorité du sexe masculin » ? Au contraire, voyez l'état d'immobilité relative, le caractère de concentration et d'intégration qui marque l'élément féminin ; n'y reconnaissez-vous pas déjà ce caractère d'intimité, d'intériorité, d'union, qui distingue la mère et qui fait d'elle la créatrice du nid, du foyer ? « *L'indépendance* est le propre du sexe et de l'élément masculin ; la *solidarité* appartient au sexe et à l'élément féminin » (p. 403).

En cette façon d'envisager la question, nous ne trouvons point encore la méthode véritablement scientifique, dégagée de tout sentiment, de toute passion consciente ou inconsciente ; nous voyons au contraire le désir manifeste d'obtenir *telle* solution avant d'avoir, avec une haute sérénité, procédé à l'analyse minutieuse et impartiale des faits.

Cette analogie paraît bien arbitraire et, disons-le franchement, peu conforme à la prudence philosophique. On connaît les phénomènes matériels de la fécondation ; les naturalistes auraient mis « hors de doute l'identité de valeur des éléments maculin et féminin » dans la propagation de l'espèce. Il serait plus exact de dire que les biologistes connaissent la forme, les caractères physiques et chimiques des demi-nucléus, mais qu'ils ne savent rien de leurs *qualités intimes*.

N'importe ! Par la comparaison des activités *visibles* des germes chez les *espèces inférieures* avec les caractères de l'homme et de la femme dans la société actuelle, MM. Sabatier et Fouillée prétendent établir les bases d'une psychologie des sexes marquée au coin de la science : c'est abuser de l'anthropomorphisme.

Supposons qu'on eût trouvé le contraire dans les phénomènes de la fécondation, c'est-à-dire que le spermatozoïde eût les qualités visibles de l'ovule et inversement. On aurait dit : le germe femelle, plus petit, plus agité, plus instable, est déjà l'image de ce que sera la femme, être faible, nerveux, mal équilibré, incapable d'un effort soutenu et, par suite, de grandes choses, de grandes créations qui exigent une longue patience. On ajouterait que cela cadre très bien avec ce mot de Buffon : « le génie est une longue patience » ; la femme étant incapable de patience ne saurait avoir de génie !

D'autre part, le germe mâle, plus gros, plus calme, plus lui-même, indiquerait nettement qu'à l'homme est dévolue la puissance ; l'équilibre et le caractère d'intériorité du germe seraient les indices révélateurs de la concentration facile de la pensée, du pouvoir assimilateur de son esprit : la force dans le calme !

Si un être intelligent de Mars ou de Jupiter venait sur notre planète et, après avoir observé les gestes, les formes, le volume et les activités diverses de quelques échantillons de la multitude des animaux terrestres, s'avisait de vouloir tirer de ces observations, par voie d'analogie, des conclusions précises sur notre valeur mentale, pense-t-on que ce stellaire aurait beaucoup de chances de trouver la vérité?

Ceux qui posent des affirmations si catégoriques au sujet de la constitution psychique de la femme nous semblent imiter le visiteur imaginaire de Mars ou de Jupiter.

Il est étrange qu'aujourd'hui encore, d'après les renseignements extrêmement partiels et grossiers que nous donnent les sens, on ose conclure d'une manière absolue.

Lorsqu'une girouette tourne sur son pivot, un ballon traverse l'espace, un navire fend les eaux, si nous n'avions aucun moyen de connaître le vent qui meut le navire, le ballon et la girouette, nous affirmerions hardiment que ces choses extériorisent leur propre force!

Lorsque la limaille de fer se précipite sur le barreau aimanté, qui des deux manifeste le plus d'énergie? M. Sabatier est-il bien sûr que ce soit la limaille *parce qu'elle* s'agite, alors que le barreau reste visiblement inerte?

Lorsqu'une aiguille aimantée entre en sympathie avec un cyclone du soleil, lequel des deux extériorise le plus d'énergie? est-ce l'aiguille parce que nous la voyons tressaillir?

Parce que dans beaucoup de cas nous manifestons notre force en faisant des mouvements visibles, peut-on dire que toutes les forces de la nature se manifestent de la même manière, c'est-à-dire qu'elles ne peuvent agir sans affecter notre conscience? En d'autres termes, peut-on poser que partout où il y a mouvement *sensible pour nous*, il y a force initiale; que la force propre soit proportionnelle au mouvement *visible;* que cette force ait toujours son principe dans l'objet en mouvement et que là où il n'y a pas de mouvement appréciable il n'y a pas de force active? Enfin peut-on conclure de telle qualité *arbitraire* de mouvement à telles *réelles* qualités psychiques?

L'hypnotiseur ne bouge pas : c'est l'hypnotisé

qui s'agite et s'approche. Une personne complètement ignorante des phénomènes hypnotiques supposerait que le sujet est le plus fort puisqu'il *se meut*. Or le contraire est le vrai.

Ainsi les gestes, l'activité grossière, n'impliquent pas toujours nécessairement une énergie proportionnelle, car l'énergie s'extériorise parfois avec une grande violence tout en échappant à nos regards myopes.

Les remarques de M. Sabatier révèlent sans doute une imagination brillante, mais elles flattent moins l'esprit scientifique du distingué professeur.

On objectera peut-être que la force qui se manifeste existe seule pour l'individu; que la force qui réalise, qui agit, a seule un prix pour lui; peu importe la source d'où elle provient; au point de vue humain, il n'y a qu'à considérer quel est l'être en qui elle se résout en un maximum d'activité utile : or il semble que l'homme soit organisé pour dépenser le maximum de force. M. Fouillée insiste beaucoup sur ce point.

Mais là n'est pas la question : il s'agit de savoir si la conception est moins utile que l'activité extérieure qui réalise. La machine à vapeur désintègre bien plus que le mécanicien; cependant nul n'oserait prétendre qu'elle lui est supérieure parce qu'elle réalise des choses dont le mécanicien est physiquement incapable. Au vrai, ce qui importe dans l'humanité, c'est l'Idée, car l'application d'une idée devient chaque jour plus facile.

Lors même donc que les tissus de la femme accuseront une désassimilation moins intense que ceux de l'homme, il ne découle point nécessairement de ce fait que la femme soit vouée organiquement à l'indigence mentale, puisque nul n'a pu prouver encore que la pensée exige une consommation de force chimique (chap. II).

D'ailleurs la femme est le produit *artificiel* d'un milieu qui doit changer.

Après s'être montré favorable à l'amélioration du sort de la femme, après avoir déclaré que les sexes ne sont pas égaux mais équivalents, M. Fouillée infirme, semble-t-il, ces conclusions par les paroles suivantes : « Le cerveau féminin est moins susceptible d'efforts intellectuels *prolongés et intenses* » (p. 415), et il souscrit à cette loi signalée par M. Lombroso il y a une quarantaine d'années : « Le développement de la vie psychique est en raison inverse du développement de la vie sexuelle ».

Cette loi fameuse autour de laquelle on a fait tant de bruit, et d'où la plupart des philosophes déduisent l'éternelle minorité de la femme, est-elle absolument établie ? Il faudrait d'abord s'entendre sur les termes. Que signifie « développement de la vie sexuelle » ? La puissance sexuelle de la mère croît-elle avec le nombre de rejetons ?

Il semble que les auteurs l'entendent ainsi.

D'habitude, nous apprécions la *puissance* par le *nombre*. Mais le nombre est une mesure grossière qui donne une indication purement mathématique et qui, dans bien des cas, n'a aucun rapport avec le fait que nous prétendons établir de la sorte : ainsi dans le cas qui nous occupe. Chez les êtres inférieurs, les infusoires par exemple, la capacité de multiplication est effroyable. M. Maupas a calculé qu'au bout de trente jours le total de tous les individus issus de la 150ᵉ génération d'une *Stylonichia pustulata* donne un nombre commençant par 1 suivi de quarante-quatre zéros; et tous ces individus en une masse unique représenteraient une sphère 1 million de fois plus grosse que le soleil [1]. Mais les individus périssent rapidement et les espèces ne tardent pas sans doute à disparaître. Qu'est-ce donc que cette vigueur sexuelle qui remplace la qualité des individus, leur vitalité par un nombre prodigieux de rejetons, mais éphémères, mais incapables de perpétuer la vie!...

La véritable puissance sexuelle ne s'affirme point par le *plus grand nombre* de rejetons quelconques mais par le nombre de rejetons suscep-

1. E. Maupas, *Recherches expérimentales sur les infusoires ciliés* (*Archives de zoologie expérimentale*, t. VI, année 1888, p. 205).

tibles de *se reproduire* successivement d'une *manière illimitée*.

Quelle que soit la capacité prolifique accusée pendant un temps donné par un nombre prodigieux de rejetons, si l'espèce périt, cette puissance est représentée par un nombre *fini;* tandis que la puissance sexuelle caractérisée par un nombre moindre d'individus pendant le même temps, mais qui, en revanche, fait subsister l'espèce depuis des milliers de siècles, et *continue* d'assurer son salut d'une manière illimitée, est représentée par un nombre *infini*. Il faut donc entendre par « puissance sexuelle » la *fécondité utile à l'espèce*. Le produit sexuel — ou le rejeton de la génération agame, — en effet, n'a de valeur qu'autant qu'il s'adapte au milieu, qu'il résiste victorieusement aux agents de destruction qui l'entourent, qu'autant qu'il est susceptible de condenser une certaine somme d'énergie vitale et ainsi, héréditairement, à l'infini. Le développement de la vie sexuelle n'est pas indiqué par la *quantité* numérique des germes, mais par leur *qualité* et, en dernière analyse, par le degré de persistance et de suprématie de l'espèce. Cela est si vrai, qu'un grand nombre d'espèces plus prolifères que l'humaine ont déjà disparu.

Nous pouvons donc poser que la puissance sexuelle est en raison directe, non de la fécondité de l'individu, mais du degré de vitalité de l'espèce.

Or l'espèce humaine ayant survécu à beaucoup d'autres plus prolifères, il suit que l'homme et la femme possèdent, en réalité, une puissance sexuelle supérieure. Et si la loi signalée par M. Lombroso était vraie, l'homme serait bien moins intelligent qu'un grand nombre d'animaux!

Même si l'on admettait que la puissance sexuelle fût proportionnelle à la multiplicité des conjugaisons, l'adaptation du mâle à la propagation de l'espèce donnerait le démenti le plus formel à la loi de Lombroso. Le mâle de la sépia ne se reproduit qu'une fois et l'acte de la fécondation le tue ; l'homme renouvelle fréquemment et impunément cet acte pendant le cours de sa longue existence et montre en même temps une vie psychique infiniment plus développée. Et la femme ne manifeste-t-elle pas plus de puissance mentale et plus de puissance sexuelle qu'un ichneumon ou un sphégien?

Il ressort clairement de cela qu'à mesure de leur évolution les individus, tout en rendant l'espèce plus vivace, vivent de plus en plus pour eux-mêmes.

La nature est effroyablement prolifère (p. 121); elle jette la semence au hasard et, conséquemment, une très grande partie est inutilisée. Mais l'intelligence corrige insensiblement la prodigue nature. L'individu remarque qu'il se dépense trop et *sans profit pour l'espèce* et il parvient à obtenir le même nombre de descendants *valides* en économisant son énergie.

Chez les êtres inférieurs — génération agame, — l'individu ne travaille que pour l'espèce : sa vie propre, égoïste, est réduite au strict minimum. Peu à peu, la sensibilité s'aiguise, se perfectionne, s'accompagne de conscience de plus en plus claire; le système nerveux se complique; le cerveau devient plus vivace; d'où, pour l'individu, vie plus intense et plus longue. L'être s'adapte —il continue toujours à mieux s'adapter — à la nécessité de la reproduction : elle ne lui est plus immédiatement fatale. Par une évolution heureuse, il arrive à réduire l'effet que produit sur son organisme cet acte essentiel : non seulement il n'en meurt plus, mais il le répète exclusivement pour son plaisir, c'est-à-dire en s'affranchissant de la loi de reproduction.

Et si la vie égoïste n'est pas subordonnée à la plus ou moins grande fécondité de l'individu — nombre de femmes sont naturellement ou volontairement stériles, — en outre, l'aptitude à se reproduire disparaît de bonne heure chez la femme, bien plus tôt que chez l'homme, et tous deux vivent de nombreuses années sans se soucier de l'espèce.

L'organe génital peut même être supprimé

impunément : de sorte que la fonction, jadis essentielle, devient secondaire, quasi adventice; elle n'intéresse plus directement la vie égoïste : l'individu ne se reproduit que si telle est sa volonté.

Et la puissance mentale n'est pas nécessairement amoindrie, semble-t-il, par la suppression de cette fonction, car des eunuques s'illustrèrent par leur courage ou par la vigueur de leur pensée. On peut citer Narsès, le célèbre général byzantin; le philosophe Valésius; Ali, le vaillant général de Soliman II, chez les Turcs; Eutrope, conseiller de Théodose et premier ministre d'Arcadius, etc.

N'y a-t-il pas là une indication très claire de la revanche de l'individu sur l'espèce? Que nous sommes loin de l'ichneumon à qui la ponte arrache la vie!

L'individu vit donc de plus en plus pour lui-même : c'est là une vérité qui ne saurait être contestée. Et rien ne montre que cette évolution soit parvenue à son terme. Si l'on considère, en effet, combien est infinitésimale la quantité de substance nécessaire à la formation d'un nouvel être, on peut concevoir que, sans nuire à l'espèce, il y ait une réduction considérable de cette substance, l'adaptation des sexes devenant de plus en plus parfaite, supprimant les tâtonnements, les essais infructueux, la dépense inutile et par conséquent absurde. Il est logique, d'ailleurs, que l'être parcoure toute l'échelle du possible dans ses réalisations successives. L'individu est lié à l'espèce et celle-ci à celui-là. Jadis l'espèce triomphait aux dépens de l'individu ; l'individu a déjà pris sa revanche et il pourrait arriver à tuer l'espèce; mais il s'arrêtera à la limite dernière.

Et la psychologie, la physiologie et les quelques données de la sociologie nous démontrent avec certitude que nous sommes encore loin de cette limite extrême.

L'opinion contraire, fort répandue, provient de cette croyance fausse que le progrès de l'intelligence suppose un progrès correspondant et proportionnel de la quantité d'effort. Or, c'est une loi bien établie pour les phénomènes physiologiques et pour les phénomènes mentaux, que tout acte tend à se reproduire de plus en plus facilement. Les expériences hypnotiques, surtout, ont vérifié cette loi d'une manière définitive. Toute opération mentale qui d'abord nécessite un effort intense, soutenu, et, partant, une dépense considérable d'énergie, se répète de plus en plus facilement jusqu'à ce qu'elle devienne un phénomène automatique. C'est ainsi que s'accumulent, en se fixant à jamais, les heureux bienfaits des efforts en éducation, en art, en science, et que l'individu avec une quantité d'énergie limitée peut acquérir des connaissances dont on ne saurait tracer les limites. Il est donc légitime d'admettre que ce qui, à notre époque, coûte un travail acharné et amène parfois un déséquilibrement cérébral finira par se faire avec la plus grande aisance; que les ressources intellectuelles ainsi acquises perdront petit à petit de leur caractère fugace et se stabiliseront dans l'organisme, deviendront le patrimoine inaliénable des générations ultérieures.

Et cette théorie est déjà vérifiée par l'observation puisque des enfants ont fait, en se jouant, ce qui aurait demandé de grands efforts à des adultes : Pascal était géomètre à onze ans; Mozart, compositeur à cinq ou six ans; Pic de la Mirandole, poète à dix ans; Dante, à neuf ans, écrivit un sonnet pour Béatrix; Victor Hugo composa *Irtamène* à quinze ans; Pope, l'*Ode à la solitude* à douze ans, et, à seize ans, les *Pastorales*; à cinq ans, Meyerbeer jouait très bien du piano; Claude-Joseph Vernet crayonnait d'une manière remarquable à quatre ans; à dix ans, Métastase charmait par ses improvisations; Mirabeau faisait déjà des discours à trois ans, et, à dix, publiait des livres; Raphaël était renommé à quatre ans; Beethoven, à treize ans, composa trois sonates; Weber, à quatorze ans, fit représenter son premier opéra; Cherubini, à treize ans, écrivit une messe qui enthousiasma ses concitoyens; etc [1]....

Mais l'intelligence ne tend pas simplement à se résoudre en automatisme, comme le pensent nombre d'auteurs tels que M. Delbœuf [2], il doit y avoir aussi meilleur emploi progressif et volontaire de l'énergie mentale et, par suite, augmentation de la capacité psychique consciente.

Physiquement et psychiquement, l'homme fait des efforts *inutiles* : il se fatigue d'une manière absurde. Toute activité nouvelle le condamne à dépenser plus d'énergie qu'il ne faut pour réaliser l'acte. Exemple : en gymnastique, au début, l'élève exagère l'effort; l'énergie produite par le muscle n'est pas absorbée tout entière par le mouvement exécuté : l'excès inutile se transforme en chaleur, d'où transpiration et fatigue absurde.

Règle générale : chaque fois que l'homme

1. D'après M. Lombroso, *L'atavisme du génie* (*Nouvelle Revue*, t. LXXX).
2. J. Delbœuf, *Eléments de psychophysique*. p, 241.

agit d'une manière nouvelle, il se comporte comme un enfant qui, pour remplir d'eau une petite bouteille, verse subitement le contenu d'un seau sur le goulot étroit : les neuf dixièmes du liquide se perdent sans avoir collaboré le moins du monde au remplissement de la bouteille.

L'homme n'est pas encore adapté à la vie fiévreuse à laquelle depuis une centaine d'années des causes multiples et puissantes l'obligent[1].

Une culture intellectuelle intensive, brusque conséquence de la Révolution de 1789 qui, en affranchissant la pensée, sema dans tous les esprits la graine de l'égalitarisme, de la curiosité et de l'ambition sans limites; les progrès inouïs de la mécanique appliquée; les aiguillons de l'infinité des besoins nouveaux; en un mot, un bouleversement profond de la vie sociale européenne — ce bouleversement ne s'est point traduit dans nombre de pays par des changements

1. Voir Max Nordau, *Dégénérescence*, t. I, p. 67 et suivantes.

politiques, mais l'observateur le moins clairvoyant l'aperçoit dans l'inquiétude des individus, dans la sourde fermentation des foules — a concouru à précipiter l'homme, dès le début du siècle, vers une suractivité à laquelle il n'est point encore naturellement ni scientifiquement adapté : il gaspille son énergie. Aussi le cerveau menace-t-il parfois de se détraquer sous la pression violente de la pensée.

Mais si le gymnaste finit par approprier exactement l'effort au mouvement voulu et peut dès lors exécuter des tours compliqués et pénibles durant plusieurs heures sans transpirer, de même l'homme s'adaptera à la vie sociale toujours plus complexe en supprimant tout effort inutile, en s'interdisant toute déperdition absurde de son énergie, surtout cérébrale. Pourquoi, par exemple, travailler d'esprit au milieu du bruit. La psychologie expérimentale a démontré que tout ce qui frappe nos sens, même à notre insu, nous soutire de la force.

L'on conçoit donc déjà la *science de l'effort*

utile que nos descendants créeront sans doute un jour.

Ainsi, il ne suffit pas d'invoquer l'automatisme au profit de l'accroissement possible de la capacité mentale, il faut encore considérer que grâce à l'adaptation plus adéquate et systématique de l'*effort* à l'*acte*, tout l'organisme doit nécessairement réaliser d'importantes économies et conserver de la sorte une réserve de forces assurant un heureux équilibre et des possibles nouveaux et divers.

En conséquence : si, d'une part, les combinaisons psychiques deviennent de moins en moins fatigantes en vertu de la loi de *répétition* et de l'élimination de l'*effort inutile*, d'autre part, pour les mêmes raisons, le cerveau deviendra de plus en plus robuste, de plus en plus vivace et, à la fois, susceptible de condenser dans l'individu les effets successifs et accumulés des générations antérieures et de supporter des efforts nouveaux et progressivement plus intenses.

Si nous considérons en outre que :

1° Au point de vue physique, la main, le bras, la jambe, tel muscle, la voix, l'ouïe, l'odorat, le tact, etc., peuvent se développer, parvenir à un très haut degré de perfection *indépendamment* les uns des autres ;

2° Au point de vue psychique, la mémoire, l'imagination, le sens critique, la logique, en un mot les différentes facultés sont susceptibles de se perfectionner *indépendamment* les unes des autres, nous sommes amenés à poser que :

Plus l'être devient complexe, plus chacune de ses fonctions tend à se spécifier, à ne garder avec ses parentes que les liens de solidarité strictement nécessaires à l'harmonie de l'ensemble.

Ici encore nous voyons que, tout en maintenant des rapports harmonieux entre la fonction et l'être tout entier, entre la cellule et l'agrégat de cellules, l'évolution se manifeste d'une manière très nette au profit de l'individu.

Nous pouvons donc admettre que, sans nuire à l'espèce, la femme verra se réduire la durée de sa période féconde et peut-être aussi le nombre de ses enfants.

Quel chemin parcouru au profit de la femelle depuis l'amphioxus jusqu'à la femme!

Mais si l'on pouvait démontrer absolument — chose impossible à l'heure actuelle — que cette réduction du nombre de rejetons et de la période de fécondité ne saurait se réaliser, il serait encore téméraire et *a priori* de vouloir appliquer à la femme la loi de Lombroso.

Il importe, en effet, de voir jusqu'à quel point les lois de *répétition* et de *spécification* déjà signalées favorisent le développement des facultés mentales.

Si nous considérons la fonction reproductrice depuis les êtres les plus rudimentaires jusqu'aux plus complexes, depuis la génération agame jusqu'à la génération sexuée la plus parfaite, nous observons que chez les protozoaires l'individu se reproduit en se coupant en deux, c'est-à-dire en *s'employant tout entier*. Mais de récentes découvertes démontreraient que ce mode de reproduction ne suffit pas à établir une différenciation suffisante des éléments dont la combinaison engendre un nouvel être, car après un certain nombre de fissiparations les individus ne tardent pas à périr par sénescence (Maupas). La spécification des éléments contraires s'impose : naissent les sexes, application de cette grande loi de la division du travail que l'on trouve partout dans la nature. Dès lors, l'acte de la procréation ne demande à chaque conjoint qu'une très petite portion de substance, mais il leur soutire encore une telle quantité d'énergie que l'un ou l'autre ne tarde pas à périr ; souvent les deux ne peuvent engendrer une autre vie sans faire le sacrifice immédiat de la leur. Mais chez les espèces supérieures la division du travail organique apparaît de plus en plus marquée : la fonction reproductrice ne cause plus, dans toutes les autres cellules, un retentissement incompatible avec l'exercice simultané et vivace de chaque fonction propre : les divers organes deviennent de plus en plus autonomes.

Or, chez la femme, la fonction génératrice étant déjà suffisante n'a pas besoin de progresser : grâce à la *répétition* elle soutire de moins en moins d'énergie au sujet, d'où un excédent qui croît toujours au profit de l'activité psychique.

La loi de Lombroso, on le voit, est encore inapplicable à la femme.

Mais, dira-t-on, il ne suffit pas de démontrer l'évolution au profit de l'individu, les conquêtes de celui-ci sur l'espèce, il faut comparer la femme à l'homme.

De prime abord, à cause de la maternité, il semble que la vie sexuelle soit plus développée chez la femme que chez l'homme et qu'il doive en être ainsi toujours. Examinons cela de près. On a constaté que dans l'acte de la fécondation les éléments mâle et femelle sont de valeur identique. Mais il est clair que les biologistes n'ont voulu (et pour cause) se placer qu'au point de vue morphologique, histologique et chimique.

Quel abîme entre la forme, le volume, le poids, le mouvement, les réactions chimiques, en un mot entre les attributs extérieurs, qui frappent notre œil grossier à travers un microscope, et les virtualités physiques et mentales — dont l'hérédité révèle l'existence — qui se combinent d'une manière profondément obscure dans cette infime molécule, génératrice merveilleuse d'une postérité infinie ! Aussi, lorsque se dégageant des considérations éphémères on s'abandonne tout entier à la recherche du vrai, on reste logiquement effrayé de voir que certains philosophes essayent de franchir cet immense abîme de ténèbres, accrochés au fragile fil de la déduction.

Qui nous dira la quantité d'énergie apportée par le pronucléus mâle et l'augmentation d'intensité vitale produite chez la femme par la combinaison des atomes sexuels? M. Maupas a observé que *deux infusoires fatigués sont rajeunis par la conjugaison* [1] !

Voilà un fait qui ne peut s'expliquer — la

1. Maupas, *La multiplication des ciliés* (*Archives de zoologie expérimentale*, t. VI, année 1888); — *Le rajeunissement karyogamique des ciliés* (*Archives de zoologie expérimentale*, année 1889).

brillante théorie de M. Delbœuf [1] n'est qu'une ingénieuse hypothèse, inacceptable d'ailleurs, — mais c'est un fait : deux individus augmentent *réciproquement* leur capital de vie par l'échange du micro-nucléus.

Or, chez les espèces sexuées, il ne faut pas confondre la *fécondation* avec l'*acte sexuel :* la femelle reçoit le multiplicateur vital que son conjoint lui apporte gratuitement et avec une abondance du reste absurde, puisqu'une partie d'un unique spermatozoïde est seule utilisée. Le mâle répand, *sans compensation*, une prodigieuse quantité d'énergie; la femelle absorbe un générateur de force dont la combinaison avec l'ovule produit dans son sein une puissance incalculable mais réelle.

Ainsi, par l'acte sexuel, le mâle diminue son capital de vie; par la fécondation, la femelle accroît le sien.

Pourquoi donc le phénomène de la fécon-

1. J. Delbœuf, *Pourquoi mourons-nous?* (*Revue philosophique*, 1891).

dation n'infuserait-il pas à la femme un supplément de forces permettant au germe de se développer sans soutirer *nécessairement* aux autres fonctions essentielles du sujet une trop grande quantité d'énergie au profit de la gestation?

Il est généralement admis que la fécondation est une forme de la nutrition.

Aussi bien faudrait-il pouvoir comparer d'une manière précise le capital vital de l'homme au capital vital de la femme.

Au cas où il serait prouvé scientifiquement — chose aujourd'hui impossible — que l'énergie masculine est supérieure à la féminine, il faudrait en outre, d'une part, évaluer la soustraction de force occasionnée au mâle par l'acte sexuel, et considérer qu'après la « fécondation » le mâle continue seul à dépenser régulièrement de l'énergie sexuelle; et, d'autre part, calculer l'accroissement d'énergie vitale dont le même acte fait bénéficier la femme par la fécondation.

Et si la comparaison des totales dépenses sexuelles respectives de l'homme et de la femme révélait que, quantitativement, celle-ci consacre à la perpétuation de la race plus d'énergie que celui-là, il ne serait pas encore permis de conclure.

En effet, si l'on constatait, par exemple, que l'homme dépense 2 et la femme 3, la question ne serait point élucidée car, à cause du mystère de la fécondation, on ignorerait si cette dépense 3 n'aurait pas été précédée d'un accroissement de force représentable par 4 ou 5, chose qui pourrait être. Avant de dogmatiser, il est absolument nécessaire de connaître d'une manière précise quel rôle joue la combinaison des éléments sexuels dans l'organisme de la femme. Si, d'un côté, l'ovule fécondé demande des forces vitales considérables à la femme, ne stimule-t-il pas, d'un autre côté, son énergie virtuelle et ne lui donne-t-il pas, en réalité, plus qu'il ne retire?

En tout cas, le problème que nous venons de poser, et qui se pose impérieusement, ne peut être résolu par les connaissances actuelles.

N'importe! Pour M. Fouillée, il n'y a pas de doute : la fonction maternelle amoindrit la vie mentale puisque la femme a manifesté de tout temps une infériorité notoire dans l'ordre intellectuel.

Nous avons déjà vu que cette infériorité de la pensée tenait principalement à l'état fatal de servitude dans lequel l'homme a sû réduire la femme par la force physique d'abord; l'organisation sociale, l'éducation, les habitudes, les lois ensuite, et surtout en insinuant dans toute la littérature, depuis les œuvres légères jusqu'aux sérieuses et même scientifiques, cette idée primitive — devenue souverainement fausse — que les rapports naturels des sexes affirment l'irréductible vassalité de la femme et lui assignent de même dans l'ordre moral et intellectuel le second rang à jamais. Mais est-il bien sûr qu'à ces causes — provisoires et qui ne tarderont pas à disparaître — doive s'ajouter une cause organique essentielle : la nutrition de la race? M. Fouillée prétend, en invoquant la physiologie, que la femme n'assure le salut de l'espèce qu'aux dépens de son activité cérébrale.

Eh bien! consultons les physiologistes et voyons comment ils ont mesuré le travail cérébral.

M. Mosso a pu, *le premier*, l'année dernière, observer *directement* les variations thermiques du cerveau humain. Les recherches ont été faites sur une jeune fille de douze ans, Delphina Parodi.

« Le sommeil naturel amène un refroidissement rapide du cerveau.... Quand, dans le sommeil, il se produit un réchauffement du cerveau, il coïncide avec des excitations venant du monde extérieur ou avec des phénomènes nerveux internes qui se manifestent par une modification de la respiration. C'est ainsi que l'aboiement d'un chien, le bruit de la toux d'un assistant, la prononciation de mots sans suite à l'appel de son nom, les paroles indistinctes et les mouvements légers qui accompagnent le travail psychique inconscient du rêve, déter minent une augmentation passagère de la température cérébrale. Cependant, au réveil, Delphina ne se souvenait de rien et disait n'avoir pas rêvé. Les faits nerveux qui produisent ces augmentations de température n'avaient laissé aucune trace dans la mémoire.

. . . .

« Le rétablissement de la conscience après le réveil ne s'accompagne pas d'un développement de chaleur dans le cerveau; donc les accroissements de température paraissent plutôt dus à de simples conflagrations produites par l'excitation des nerfs sensitifs[1] ».

D'après Helmoltz, Valentin et Schiff, les nerfs sont plus chauds pendant l'activité que pendant le repos.

Mais, selon M. Schiff, « l'activité psychique, indépendamment des impressions sensitives qui la mettent en jeu, est liée à une production de

1. H. Beaunis et A. Binet, *L'Année psychologique*, p. 304, 305 (Alcan, 1895).

chaleur dans les centres nerveux, chaleur quantitativement supérieure à celle qu'engendrent les simples impressions des sens [1] ».

Si Schiff entend par « activité psychique » l'activité consciente, il est en contradiction avec Mosso.

D'autre part, les expériences de Lombard — citées par Sergi [2], — dont François-Franck et Istamonoff ont montré le caractère erroné [3], concorderaient en une certaine manière avec celles de Mosso puisque, selon le physiologiste américain, « l'activité émotionnelle du cerveau produit une élévation de température le plus souvent plus rapide et plus considérable que l'activité intellectuelle [4] ».

Comment donc, en présence de telles contradictions, de telles incertitudes des physiologistes,

1. Herzen, *Le cerveau et l'activité cérébrale*, p. 128.
2. Sergi, *Psychologie physiologique*.
3. H. Beaunis et A. Binet, *L'Année psychologique*, p. 304, 305 (Alcan, 1895).
4. *Experimental Researches on the temperature of the head*, by B. J. Lombard (*in Proceedings of Royal society*, London, 1878).

un de nos plus grands philosophes peut-il conclure ?

Et notre surprise est d'autant plus légitime que *même une concordance absolue* de toutes les observations thermométriques sur le cerveau n'apprendrait rien de précis sur le *travail* cérébral.

M. Herzen a vu clairement l'insuffisance de ces recherches et l'a signalée avec une force remarquable : « La thermométrie révèle pour le cerveau, de même que pour *tout* autre organe qui entre en activité, un échauffement; mais il est évident que la thermométrie la plus parfaite ne peut nous indiquer qu'une seule chose : l'état thermique momentané d'un objet quelconque et nullement la manière dont cet état a été produit dans l'objet. Un corps quelconque nous paraît s'échauffer d'un degré, par exemple; mais que

1. Si la poursuite impérieuse du vrai nous conduit à critiquer vivement certaines idées de M. Fouillée, est-il besoin de dire que cela ne saurait point diminuer notre admiration pour l'un des plus nobles, des plus vastes et des plus sympathiques esprits de ce temps?

s'est-il passé en lui? un simple échauffement d'un degré ou bien un échauffement de trois degrés accompagnés d'un refroidissement de deux degrés? Impossible de le savoir dans les cas où la calorimétrie n'est pas applicable, à moins de réussir *à séparer et à constater isolément* les processus calorifiques d'une part, et, d'autre part, les processus frigorifiques qui ont lieu simultanément — si tant est que ces derniers existent. Or, tandis qu'on y a réussi jusqu'à un certain point pour le muscle, rien de semblable n'a été constaté pour le cerveau, de sorte qu'il nous est impossible de savoir si, dans un cerveau actif, toute la chaleur dégagée par les réactions chimiques qui se passent dans ces éléments histologiques est mise en liberté *comme telle,* ou bien si une partie de cette chaleur est consommée et se transforme en énergie psychique [1]. »

Le pléthysmographe ne nous renseigne pas

1. Herzen, *Le cerveau et l'activité cérébrale*, p. 129, 130.

mieux que le thermomètre. « Burckhardt et K. Mays ont admis que sous l'influence de l'activité psychique le sang afflue au cerveau (vaso-dilatation active) et que cet afflux déterminerait une anémie périphérique (main et pied). D'après les observations de Mosso, il n'en serait pas ainsi. En réalité, les changements de volume du cerveau produits par l'activité psychique sont tellement faibles que leur valeur absolue, comparée à celle de l'avant-bras et du pied, peut être négligée et infirme cette hypothèse[1]. »

Donc non-seulement — ainsi que nous l'avons établi au chapitre II — on ne peut mesurer la qualité des opérations mentales, mais encore le *travail cérébral* pendant l'activité psychique consciente échappe aux observations des physiologistes.

Aussi, dire que le cerveau féminin « est moins susceptible d'efforts prolongés et intenses » que celui de l'homme, c'est, à l'heure actuelle, faire

1 H. Beaunis et A. Binet, *L'Année psychologique*, p. 305, 306.

une affirmation qui ne repose sur aucun fait positif, nettement, définitivement établi par un savant véritable.

Ici encore, il y a confusion entre observer et déduire.

Bien plus, si des expériences de Mosso — d'ailleurs trop peu nombreuses, — quelqu'un osait tirer déjà des conclusions, ces conclusions ne pourraient être qu'en faveur du sexe féminin. En dépit des observations suspectes de MM. Sergi et Lombroso, il est universellement admis que la femme est plus sensible que l'homme. Les récentes expériences de MM. Galton et W. Dehn (p. 33) paraissent confirmer cette manière de voir. M. Fouillée dit lui-même : le système nerveux de la femme est « plus excitable, ses actions réflexes plus intenses, ce qui entraîne une sensibilité plus vive »[1]. Et pendant la gestation et l'allaitement cette vive sensibilité ne s'émousse pas, au contraire elle s'aiguise.

1. A. Fouillée, *La psychologie des sexes* (*Revue des Deux Mondes*, 1893, p. 410).

Il semble donc — c'est l'*hypothèse provisoire* la plus plausible qui puisse se bâtir sur les insuffisantes connaissances actuelles — que le cerveau de la femme *travaille* plus que celui de l'homme (quoique d'une autre manière) puisque l'échauffement cérébral paraît résulter de l'excitation *externe* et *interne* des nerfs sensitifs.

L'énergie cérébrale ne serait donc pas, comme on l'affirme trop vite, absorbée par la nutrition de la race.

Et si, d'ailleurs, nous avons reconnu que la femme a le cœur plus développé que la raison (chap. I), il est logique d'admettre que la liberté, l'instruction, un état social différent, modifieront la nature de son activité mentale.

On ne saurait, avec M. Fouillée, considérer l'être humain comme ayant un fond stable, toujours et partout le même. Si nous jetons un coup d'œil synthétique sur les peuples éteints ou existant encore qui sont parvenus à des degrés divers de perfection sociale, nous constatons des différences intellectuelles tellement grandes que c'est bien une erreur capitale de vouloir poser les bases d'une psychologie des sexes, marquée au coin de la science, en considérant quelques phénomènes — grossiers malgré tout — de la fécondation et les manifestations mentales du couple humain actuel, c'est-à-dire son état *provisoire*, *fugitif*, heure rapide de l'éternelle évolution. Quels points de contact trouverait-on entre la civilisation des Hindous et celle des Grecs; entre un Chinois et un Français; entre les femmes du Paraguay et les Européennes; entre les sentiments des Indiens de l'Orénoque ou du Brésil et nos propres sentiments; entre l'instinct maternel chez les Wintun de Californie et le dévouement sublime de nos mères[1]? Au dernier terme de leur progrès, les humains aboutiront peut-être à une civilisation unique; mais avant que se réalise cette suprême synthèse, les races différentes condenseront leurs pensées, leurs rêves, leur idéal, en œuvres fort

1. Voir *L'origine du mariage*, par Fr. Paulhan (*Revue scientifique*, 20 juillet 1895).

dissemblables, témoignant ainsi d'une organisation psychique très diverse.

Mais s'il est un substrat de la nature humaine partout généralement identique — chose soutenable, — il faut reconnaître néanmoins que le concept de la vie évolue sensiblement. Les religions *dogmatiques* s'évanouissent peu à peu pour aboutir à une disparition définitive. La morale actuelle, d'ailleurs insuffisante, qui est censée régler les rapports des hommes entre eux, se dissipera comme les vains fantômes de la nuit aux clartés flambantes de l'aurore. Une science véritable de la diverse activité humaine modifiera de fond en comble la vie sociale qui, aujourd'hui, dérive de chimériques visions, de conceptions séduisantes, mais qui n'ont aucun fondement solide : la morale sera pragmatique.

M. Fouillée a peut-être voulu établir la psychologie des sexes à un moment donné de l'évolution; mais alors pourquoi du présent déduit-il un identique avenir? Pourquoi des premiers stades de la civilisation où la sanction suprême est la force brutale, déduit-il la psychologie définitive des sexes, alors que, dans la future société, le seul facteur important sera la claire intelligence?

M. Fouillée dit aussi que « le rôle et les occupations sociales de l'homme exigent une force d'intelligence, une vigueur d'esprit scientifique qui ne sont point nécessaires à la femme, qui même pourraient lui être nuisibles dans l'accomplissement de ses vraies fonctions ». Nous avons déjà démontré que ces craintes n'ont aucune base sérieuse, qu'elles dérivent de considérations peut-être inconsciemment égoïstes et surtout d'un idéal humain dont la raison ne saurait accepter l'immuable forme.

« On ne se figure pas bien, dit encore M. Fouillée, une femme Shakespeare ou Victor Hugo, une femme Aristote ou Descartes, une femme Beethoven ou Wagner » (p. 421).

Une femme qui aurait le génie de Victor Hugo ou de Descartes, etc., c'est-à-dire un génie de *même nature*, assurément non; mais un génie féminin d'une puissance équivalente à celle de Victor Hugo, Aristote, Descartes, Wagner, etc., pourquoi pas? Sans doute parce qu'on n'en a jamais vu!

En résumé, l'examen impartial et rigoureux des principales données de la biologie impose les conclusions suivantes :

1° Il est impossible, à l'heure actuelle, de comparer le capital vital de l'homme au capital vital de la femme;

2° On ignore le rôle dynamogène de la combinaison des éléments sexuels, c'est-à-dire dans quelle mesure le phénomène de la fécondation rend actives les virtualités psychiques et somatiques de la femme;

3° Le travail cérébral, pendant l'activité de la pensée, échappe à toute évaluation précise;

4° Grâce aux lois de répétition et de spécification, à la réduction possible du nombre de ses enfants et de la durée de sa période féconde, il est infiniment probable que la femme réalisera d'importantes économies d'énergie vitale au profit de ses autres fonctions;

5° La puissance sexuelle n'est pas signifiée par le *nombre* de rejetons, mais par le degré de suprématie et de persistance de l'espèce;

6° Pour toutes ces raisons, il faut reconnaître que l'antagonisme entre la puissance mentale et la puissance sexuelle n'est point scientifiquement établi.

7° Il n'est nullement démontré, d'ailleurs, que la femme dépense plus d'énergie sexuelle que l'homme;

8° Aussi, déclarer que le sexe féminin doit rester intellectuellement inférieur à cause de l'alimentation de la race, ce n'est point dériver cette conviction de la science expérimentale, mais des suggestions suspectes d'un *sentiment masculin* que la raison affranchie, que la haute et libre critique philosophique récusent.

En réalité, tous les arguments contre la femme se réduisent à cet étrange syllogisme :

L'homme *libre*, en quelques millénaires, a produit *S*; la femme *esclave*, durant le même temps, n'a pas produit *S*; donc la femme ne produira jamais *S*.

Voilà la mirifique manière de raisonner de tous ceux qui proclament la fatale minorité intellectuelle de la femme.

Mais la femme peut devenir *libre* : elle le sera bientôt! Donc le produit peut et doit changer. Deviendra-t-il *S*? Nul ne le sait encore d'une manière absolue; mais nul ne sait surtout qu'il ne deviendra pas *S* ou quelque chose d'équivalent.

CHAPITRE VII

LES PROGRÈS RESPECTIFS DES DEUX SEXES SONT-ILS UNIFORMES? NOTRE CIVILISATION EST-ELLE ATTEINTE D'INCURABLE SÉNILITÉ?

Dans les chapitres précédents nous avons vu que la science est impuissante à démontrer l' « irrémédiable » infériorité mentale de la femme.

Il nous reste à examiner la signification des résultats d'une liberté plus ou moins complète accordée au sexe féminin depuis cinquante ans en diverses contrées. Si, depuis qu'elle a conquis les droits civils et même politiques en quelques pays, depuis que l'instruction lui est largement donnée, la femme ne s'est point rapprochée de l'homme par son niveau intellectuel, on pourra conclure avec une apparence de rigueur qu'elle est affligée d'une incurable infirmité mentale.

Or l'observation du mouvement social en Europe et en Amérique impose la conviction très nette que la femme joue un rôle de jour en jour plus efficace, révèle des ressources d'esprit dont la richesse, dans la plupart des cas, ne le cède en rien à celle de l'homme.

Les femmes s'assimilent toutes sortes de connaissances avec facilité. C'est ainsi qu'elles deviennent avocats, docteurs, professeurs, journalistes, juges, pasteurs, etc.

On trouve déjà en Europe de nombreuses femmes très remarquables par leur savoir et par l'importance sociale qu'elles ont su conquérir en moins d'un demi-siècle; mais c'est surtout dans la libre Amérique qu'il faut chercher des faits véritablement démonstratifs.

Dès l'époque coloniale, les femmes s'illustrèrent par leur courage, leur dévouement à la patrie, par une force morale indomptable.

Elles brillent maintenant dans les lettres, les sciences, les arts; elles fondent des sociétés scientifiques et philosophiques et savent aussi abandonner les abstractions pour réaliser, avec un admirable sens pratique et une persévérance dont le sexe masculin offre peu d'exemples, les améliorations sociales les plus diverses. Et malgré cette prodigieuse activité elles ont de nombreux enfants et sont bonnes mères.

Nous n'examinerons pas, dans cette étude, si le développement intellectuel de la femme, tel qu'il est compris aux États-Unis, est conforme à la raison et s'il peut ainsi concourir au plus grand bonheur humain; nous nous bornons à constater que déjà, sur les autres rives de l'Atlantique, la femme, en s'essayant dans les œuvres de toutes sortes, dans les plus pratiques comme dans les investigations rigoureuses de la science, les créations artistiques et la haute spéculation de la philosophie, a fait preuve d'une capacité sensiblement *équivalente* à celle de l'homme.

Nous nous abstiendrons d'accumuler ici des preuves, car des ouvrages nombreux [1] et surtout de multiples périodiques (la *Nouvelle Revue*, la *Bibliothèque universelle*, la *Revue des Revues*), etc., etc., ont initié même le grand public à la vie américaine.

Si pourtant des lecteurs désirent des faits précis à l'appui de notre affirmation, nous ne saurions mieux faire que de leur signaler la très belle et très substantielle étude — *Condition de la femme aux États-Unis* — que Mme Th. Bentzon publie dans la *Revue des Deux Mondes*. Ils trouveront là un véritable luxe de documents objectifs, et ils acquerront la certitude que le sexe féminin a réalisé en Amérique des progrès indiscutables.

L'évolution féminine est d'ailleurs si visible

1. Louis Frank, *Essai sur la condition politique de la femme*, 1892; — Jeanne Chauvin (Dr en droit), *Les professions accessibles aux femmes*, 1892; — C. de Varigny, *La femme aux États-Unis*, 1893; — Paul Bourget, *Outre-mer*, 1895; — etc.

que les auteurs misogynes qui semblaient avoir établi leur opinion sur les arguments les plus scientifiques sont obligés de venir à résipiscence. Tel M. H. Spencer qui, dans *Justice*, écrit les significatives paroles suivantes : « Si le quantum de liberté devait donc se régler sur les capacités, l'opération, fût-elle possible, n'aurait pas à tenir compte du sexe »[1].

Ainsi, le prétendu antagonisme entre la puissance mentale et la puissance sexuelle qui ne résiste point à l'analyse rigoureuse paraît définitivement se ruiner par l'expérience, par les faits tangibles, incessants qui éclatent à tous les yeux, s'affirment chaque jour d'une manière plus impérieuse et s'irradient chez tous les peuples avec le progrès de l'émancipation évoluant vers l'intégrale liberté.

Ces résultats autorisent des déductions d'autant plus hardies qu'ils se sont produits en le court espace d'un demi-siècle et que, par conséquent,

1. H. Spencer, *Justice*, p. 186.

même dans les nations où elle a conquis à peu près tous ses droits, la femme doit lutter encore contre une néfaste influence héréditaire.

Il est donc permis de conclure qu'avec la liberté le développement psychique croît — du moins provisoirement — d'une manière plus rapide chez la femme que chez l'homme, c'est-à-dire que les différences de valeur intellectuelle, nées du règne de la force brutale, s'évanouissent avec le détrônement de celle-ci.

Nombre d'écrivains prennent au tragique le « mal du siècle »; à leur avis, c'est là le signe d'une irrémédiable décadence. Notre civilisation est trop vieille, disent-ils; elle a épuisé toutes les manifestations possibles!

Eh quoi! parvenus au dernier terme de leur évolution les hommes qui, chaque jour, déploient une force inventive nouvelle, multiplient les découvertes, se posent les problèmes les plus complexes et, avec une infatigable ardeur, s'acharnent à les résoudre? Trop vieille, notre civilisation où la construction du bien-être matériel est à peine ébauchée; où les mots « morale », « justice », représentent des choses très vagues; où les sciences mêmes ne jettent que des naissantes lueurs?

La mécanique a certes réalisé des merveilles, mais les peuples, au lieu d'êtres gouvernés par la raison s'appuyant sur des principes solides, le sont pàr des hommes que le hasard des passions fait surgir des urnes et qui obéissent aux événements plutôt qu'ils ne les provoquent ou ne les dirigent; les lois ne sont point adaptées aux modifications profondes de l'individu : souvent, au lieu de protéger l'être humain, elles paralysent son expansion normale; il faut chercher une équitable répartition des richesses; donner à tout homme le moyen facile de satisfaire les besoins inpérieux et légitimes qu'une culture intellectuelle intensive multiplie prodigieusement; établir un salutaire équilibre entre la production et la consommation; éliminer l'odieux parasitisme qui se dissimule sous des masques divers; accommoder nos demeures à la réduction toujours plus grande de la distance; étudier quelle influence — physique, morale, intellectuelle — exerce sur l'individu la densité des agglomérations humaines, c'est-à-dire transformer la superficielle hygiène publique et privée en une science plus vaste, plus profonde, l'*hygiène sociale;* débarrasser le citoyen des mille entraves des conventions, des « formes clichées » qui empêchent les beaux élans, l'originalité féconde et le font s'atrophier en d'enfantines et stériles préoccupatious; il faut trouver un système d'éducation rationnel; supprimer la lutte imbécile des sexes; rendre évident le principe impérissable d'une morale universelle...

Que de choses à modifier, à créer!

Et c'est au moment où les peuples entrevoient l'aube d'une vie infiniment plus harmonieuse et plus diverse; où dans tous les cœurs éclosent d'invincibles aspirations; où dans tous les cerveaux se condense plus de science, plus de critique, plus de vitalité intellectuelle, c'est à ce moment que la civilisation serait atteinte d'incurable sénilité? Non! tous ces efforts divergents, cette inquiètude, cette agitation des peuples témoignent d'une inconstestable vigueur: mais nous traversons une période terrible, la période d'analyse qui a détruit toutes les choses sacrées, tous les dieux, toutes les croyances dont jadis l'infrangible unité faisait la quiétude mentale de nos pères. Les esprits insuffisamment philosophiques s'égarent parmi ces débris épars — mélancolique symbole des saintes quoique puériles croyances disparues sans retour — ils s'effrayent, car de la multitude des faits accumulés par l'expérimentation ils sont impuissants à faire surgir une supérieure synthèse.

Mais vienne le philosophe magique — et il viendra — capable de fixer dans sa conscience lumineuse et robuste les principaux éléments de l'analyse moderne, et une radieuse synthèse en sortira élargissant, élevant, intensifiant la vie humaine. Alors se construira la vraie science sociale : la morale sera pragmatique.

Et ce qui doit infuser à la pensée une énergie

nouvelle et désormais intarissable, c'est l'évolution libre de la femme, ce sont les combinaisons mentales des sexes

Les infusoires se rajeunissent par leur conjugaison; l'esprit humain jettera de prodigieux coefficients devant sa vigueur et sa richesse par le coït subtil des idées et des sentiments des sexes.

L'humanité, même dans ses périodes les plus brillantes, n'aperçut que très vaguement, et comme de rares éclairs à travers les visions de ses génies, la possibilité d'une vie supérieure du cœur rendue forte, grandiose, par la raison et l'impérieuse justice.

Les reflexes somatiques et psychiques ont presque seuls, au hasard des circonstances, créé de grandes choses, mais disparates, sans lien entre elles; et si admirables qu'elles soient, considérées isolément, ces merveilles ne donnent pas moins le triste spectacle du désordre qui règne encore dans les conceptions humaines.

Cependant peu à peu l'intelligence claire se

dégage de l'aveugle instinct qui, dès lors, se trouve en présence de circonstances auxquelles il n'est pas adapté ; l'unité d'une vie *spontanée*, *volontaire*, c'est-à-dire cherchant son principe dans la Raison, dans la connaissance des vrais rapports de l'individu avec les forces modifiables du monde extérieur, et des intelligences entre elles, cette unité non seulement apparaît possible, réalisable, mais elle se dessine déjà : bientôt elle s'organisera en une efflorescence splendide.

CONCLUSION

Si maintenant nous jetons un coup d'œil d'ensemble sur la « question de la femme », nous voyons clairement que :

I. — La science contemporaine ne peut, au nom d'aucun principe absolument établi, affirmer « l'incurable infirmité mentale » de la femme. C'est par myopie d'esprit, c'est par cette tendance déplorable des simplistes à vouloir construire définitivement le monde d'après l'examen de quelques faits isolés, insuffisants et contradictoires; c'est aussi et *surtout* parce que leurs raisonnements sont viciés par des sentiments égoïstes et d'ailleurs puérils, que des écrivains ont répandu et professent encore l'opinion contraire :

la plupart des jugements de l'homme sur la femme dérivent plutôt de sourds instincts irréductibles que de la raison lumineuse et impersonnelle.

II. — Tout en reconnaissant une apparente infériorité sociale accidentelle, provisoire, extérieure, de la femme dans l'évolution indéfinie de l'humanité, cette infériorité ayant son principe dans la minorité physique et, d'autre part, les conditions de la valeur sociale de l'individu s'étant déjà profondément modifiées en ruinant le prestige de la *force physique*, il serait souverainement faux de conclure des actes passés à des actes identiques dans l'avenir, de la femme des âges disparus à une femme toujours la même dans les temps futurs.

III. — Certains points restent acquis : 1° La *force musculaire* est détrônée par la *force psychique;*

2° Le nombre de femmes remarquables par leur vigueur intellectuelle croît en une progression dont la « raison » est la liberté.

IV. — En présence des *faits* les grands adversaires de la liberté féminine sont obligés de venir à résipiscence.

Nombre d'auteurs, s'emparant de quelques observations superficielles, ont conclu dogmatiquement contre la femme. Il faut se garder de les imiter dans leur intransigeance imprudente en concluant différemment avec autant de présomptueuse assurance.

Aussi bien le problème des sexes a toujours été mal posé. Chercher si la femme est « l'égale » de l'homme, c'est se précipiter dans l'absurde. En dehors des mathématiques il n'y a pas d'égalités, il n'y a que des équivalences. La femme n'est donc pas et ne sera jamais un exemplaire de l'homme mental : elle est nécessairement autre. Tout le problème se réduit à savoir s'il importe au progrès humain sous toutes ses formes qu'elle soit une énergie spontanée et non un reflet.

Les impatients se hâtent de décider : la philosophie scientifique *ne conclut pas encore...*

Mais nous disons cependant hardiment : donnons la liberté à la femme, car la liberté est la mère de l'originalité, de la variété, c'est-à-dire de tout progrès, et d'ailleurs tout individu à le droit d'*être soi*.

Il serait enfantin de s'effrayer de la liberté féminine : par le progrès mental Prométhée se délivre. La liberté est à la fois l'effet et la cause de l'évolution de l'intelligence et l'intelligence ne cherche que le bien de l'individu.

Le couple humain, d'ailleurs, est essentiellement solidaire dans ses plaisirs de tout ordre : aussi la raison claire, soit de la femme, soit de l'homme, dans son concept d'une vie la plus haute et la plus diverse possible, ne saurait vouloir ce qui réciproquement serait nuisible à l'un et à l'autre. Donc si la femme est par nature incapable de faire un solo dans le concert humain, il n'y a aucun danger à lui donner la liberté : elle subira fatalement l'ascendant de l'originalité puissante de l'homme; elle ne sortira pas du rang; si au contraire elle est capable de s'élever à l'autonomie mentale elle ne pourra que contribuer à l'accroissement et à l'esthétisation de tous les plaisirs.

D'une manière générale la femme, pas plus que l'homme, ne peut s'engager dans un essentiel égoïsme : la vie humaine ne saurait revêtir le caractère le plus complexe, la forme la plus brillante, s'épandre de la manière la plus large, donner à chaque individu le maximum de bonheur, en un mot se réaliser dans son intégrale beauté, que par le *libre accord* des sexes, par leur *union* intelligente dans la *lutte* contre la nature aveuglément hostile.

Notre dernier mot sera donc :

LIBERTÉ ENTIÈRE POUR LA FEMME !

INDEX BIBLIOGRAPHIQUE

Adam (Mme Juliette), directrice de la *Nouvelle Revue* (*Voir* : La Messine).

Bastian (Charlton). *Le Cerveau organe de la pensée chez l'homme et chez les animaux.* (Paris, Alcan.)

Bailey (*Voir* Nichols).

Beaunis et Binet. *L'Année psychologique.* (Paris, Alcan, 1895.)

Bentzon (Mme Th.). *Condition de la femme aux États-Unis.* (*Revue des Deux Mondes*, 1894-1895.)

Bernard (Claude). *Phénomènes de la vie communs aux végétaux et aux animaux.* (Paris, Baillière, 1878.)

Binet (A.). *La Psychologie expérimentale.* (*Revue des Deux Mondes*, 1893, t. 116.) — *Sur un cas d'inhibition psychique.* (*Revue philosophique*, décembre 1891.) — *Introduction à la psychologie expérimentale.* (Paris, Alcan, 1894.) — *Études de psychologie expérimentale.* (Alcan, 1894.)

Bloch (Dr Adolphe). *L'Intelligence est-elle en rapport avec le volume du cerveau?* (*Revue d'Anthropologie*, année 1885.)

Bourget (Paul). *Outre-Mer*, 2 vol. (Paris, Alphonse Lemerre, 1895.)

Byasson. Expériences citées par M. Sergi, *Psychologie physiologique;* par M. Charles Richet, *Revue philosophique*, 1878; etc.

Caton (*id.*).

Chauvin, D[r] en droit (Mlle Jeanne). *Étude historique sur les professions accessibles aux femmes.* (Paris, A. Giard et E. Brière, 1892.)

Corso. Expériences citées par MM. Sergi et Charles Richet (*Voir :* Byasson) et par M. Jules Soury, *Les fonctions du cerveau.*

Dariex (D[r]). *Annales des sciences psychiques* (années 1891 à 1895).

Dehn (W.). *Étude comparative sur les sensations de la peau et les sensations gustatives chez les hommes et les femmes.* (Analyse de M. Beaunis dans l'*Année psychologique*. Paris, Alcan, 1895.)

Delbœuf (J.). *Éléments de psychophysique* (Germer Baillière, 1883, Paris). — *Pourquoi mourons-nous?* (*Revue philosophique*, 1891.)

Dubois-Raymond. (V*oir :* Byasson.)

Féré (Ch.). *Sensation et mouvement.* (Paris, Alcan, 1887.)

Fouillée (A.). *L'Évolutionisme des Idées-Forces.* (Paris, Alcan.) — *La Psychologie des Sexes.* (*Revue des Deux Mondes*, septembre 1893.)

Frank (Louis), de Bruxelles. *Essai sur la condition politique de la femme.* (Paris, Arthur Rousseau, 1892.)

Galton (Francis). *La Sensibilité comparée de l'homme et de la femme étudiée dans la région de la nuque.* (*Nature* [anglaise], 10 mai 1894; Note résumée par M. A. Binet dans l'*Année psychologique*, 1895.)

Gautier (Armand). *L'Origine de l'énergie dans les êtres vivants.* (*Revue scientifique*, 11 et 18 oct. 1886; 1er janvier 1887.)

Gurney, Myers et Podmore. *Les Hallucinations télépathiques* (traduit et abrégé des *Phantasm of the living*, par M. L. Marillier, avec une préface de M. Ch. Richet. Paris, Alcan, 1891).

Herzen (A.). *Le Cerveau et l'activité cérébrale.* (Paris, J.-B. Baillière, 1887.)

La Messine (Mme Juliette), ou Mme Juliette Adam, ou Mme Juliette Lamber. *Idées anti-proudhoniennes sur l'amour, la femme et le mariage.* (Paris, Alph. Taride, 1858.)

Lamber (Mme Juliette). *Voir* : Adam (Mme Juliette); La Messine (Mme Juliette).

Le Bon (Gustave). *Rôle du caractère dans la vie des peuples.* (*Revue scientifique*, 1er sem. 1894.)

Leffler (Mme A. Ch.). *Souvenirs d'enfance de Sophie Kovalewski*, suivis de sa biographie. (Paris, Hachette, 1895.)

Lélut. *Physiologie de la pensée*, t. II. (Paris, Didier, 1862.)

Lombard (B.-J.). *Experimental Researches on the temperature of the Head.* (*In Proceedings of Royal Society*, London, 1878.)

Lombroso (Dr Cesare). L'*Atavisme du génie.* (*Nouvelle Revue*, t. LXXX.)

Lubbock (Sir John). *Les Origines de la civilisation*, (traduit de l'anglais par Ed. Barbier. Paris, Alcan, 1877).

Maine (Sir H. S.). *Histoire des institutions primitives*, (traduit de l'anglais par M. J. Durieu de Leyritz. Paris, Ernest Thorin, 1880).

Manouvrier (L.). — *Les Aptitudes et les actes.* (*Bulletin de la Société d'anthropologie de Paris*, t. I, année 1890.)

Maupas. *La Multiplication des ciliés; — Le Rajeunissement karyogamique des ciliés.* (*Archives de zoologie expérimentale*, années 1888-1889.)

Mosso (A.). *La Température du cerveau.* (Analyse de M. Beaunis dans l'*Année psychologique*. Alcan, 1895, Paris.)

Munsterberg (H.). *Recherches de psychométrie sur la loi psychophysique.* (Analyse de M. A. Binet, dans l'*Année psychologique*. Alcan, 1895.)

Musso et Tanzi. (*Voir* : Tanzi.)

Myers. (*Voir* : Gurney.)

Naville (Ernest). *La Condition sociale des femmes.* (Lausanne, Arthur Imer, 1891.)

Nichols et Bailey. *L'Odorat chez les femmes.* (Note dans la *Revue scientifique*, 1er sem. 1887.)

Nordau (Max) *Dégénérescence.* (Traduct. Diétrich. Paris, Alcan.)

Paulhan (Fr.). *L'Origine du mariage.* (*Revue scientifique.* 20 juillet 1895.)

Podmore. (Voir : Gurney.)

Pouchet (Georges). *Remarques anatomiques à l'occasion de la nature de la pensée.* (*Revue scientifique*, 1er sem. 1877.)

Proudhon. *De la justice dans la Révolution et dans l'Église.*

Rebière (A.). *Les Femmes dans la science.* (Paris, Nony et Cie, 1894.)

Ribot (Th.). Art. HÉRÉDITÉ de la *Grande Encyclopédie.*

Richet (Charles). *L'Homme et l'intelligence.* (Paris,

Alcan.) — *Le Travail et la force chimique.* (*Revue scientifique*, 2e sem. 1886.) — *L'Avenir de la psychologie.* (*Revue scientifique*, 2e sem. 1892.)

Schiff (Mor.). (*Voir* : Jules Soury : *Les Fonctions du cerveau*; Byasson.)

Schmahl (Mme Henri). *La Question de la femme.* (Extrait de la *Nouvelle Revue* du 15 janvier 1894.) — *Le Préjugé de sexe.* (Extrait de la *Nouvelle Revue* du 1er mars 1895.) — 2 brochures. (Paris, 21, rue Gazan.)

Schopenhauer (A.). *Pensées et fragments* (traduit par J. Bourdeau. Paris, Germer Baillière, 1381).

Seashore (E.). *Mesure du temps d'accommodation de l'œil.* (Analyse de M. J. Philippe, dans l'*Année psychologique.* Alcan, 1895.)

Sergi. *La Psychologie physiologique.* (Traduit par M. Mouton. Paris, Alcan, 1888.) — *Sensibilità femminile.* (*Archivio di psichiatria, scienze penali ed antropologia criminale*, volume decimoterzo, 1892.)

Sidgwick. *Recensement des hallucinations.* (Analyse de M. Binet dans l'*Année psychologique.* Alcan, 1895.)

Soury (Jules). *Les Fonctions du cerveau* (Paris, Vve Babé, 1892.)

Spencer (Herbert). *Principes de biologie.* — *Principes de psychologie.* — *Introduction à la science sociale.* (Paris, Alcan.) — *Justice.* (Paris, Guillaumin.)

Starcke. *La Famille primitive.* (Paris, Alcan, 1891.)

Strindberg (Aug.). *De l'infériorité de la femme.* (*Revue Blanche*, janvier 1895.)

Tanzi et Musso (*Voir* : Soury (Jules). — *Les Fonctions du cerveau.*

Titchener. *La Chronométrie de l'acte de reconnais-*

sance. (Analyse de M. V. Henri dans l'*Année psychologique*. Alcan, 1895.)

Topinard (Paul). *Éléments d'anthropologie*. (Adrien Delahaye et Emile Lecrosnier, Paris, 1885.) — *L'Homme dans la Nature*. (Paris, Alcan, 1891.)

Varigny (C. de). *La Femme aux États-Unis*. (Paris, Alcan, 1893.)

Varigny (Henri de). Art. FEMME de la *Grande Encyclopédie*.

Witmer (L.). *Mesure des temps de réaction chez des personnes de toute classe*. (Analyse de M. Binet dans l'*Année psychologique*. Alcan, 1895.)

Wundt. *Éléments de psychologie physiologique*, 2 vol. (Paris, Alcan.)

Wenh (J.). *Corrélation de la puissance physique et de la puissance intellectuelle*. (Analyse de M. Binet dans l'*Année psychologique*. Paris, Alcan, 1895.)

Zwaardemaker. *Le Champ auditif dans les âges différents*. (*Année psychologique*. Paris, Alcan, 1895.)

TABLE DES MATIÈRES

Coulommiers. — Imp. Paul BRODARD. — 602-95.

Original en couleur

NF Z 43-120-8

www.ingramcontent.com/pod-product-compliance
Ingram Content Group UK Ltd.
Pitfield, Milton Keynes, MK11 3LW, UK
UKHW012031240726
13965UKWH00002B/719

9 782013 570367